UNE FLEUR DANS LES GLACES

GÉRALDINE DANON

UNE FLEUR DANS LES GLACES

Le passage du Nord-Ouest en famille

ROBERT LAFFONT

ISBN 978-2-221-11439-1

À ma mère

« Il y a deux sortes de gens : il y a les vivants et ceux qui sont en mer. »

« Et mes villes s'éclabousseraient de bleu. »

Jacques Brel

Quaesivit arcana poli, videt dei. « Il a cherché les mystères des Pôles, il a vu ceux de Dieu. »

Gravé au frontispice
de l'Institut polaire de Cambridge

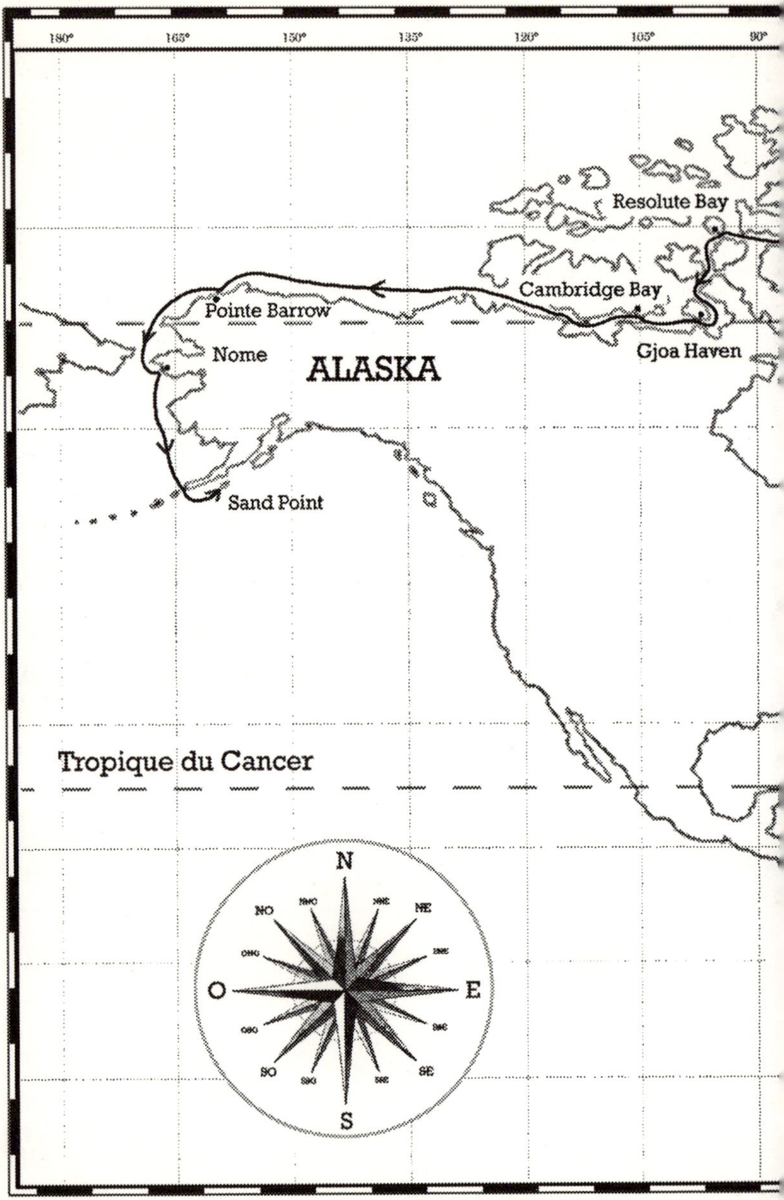

180°
165°
150°
135°
120°
105°
90°
Resolute Bay
Cambridge Bay
Pointe Barrow
Gjoa Haven
Nome
ALASKA
Sand Point
Tropique du Cancer
N
O
E
S
NO
NE
SO
SE

75°
60°
45°
30°
15°
0°
15°
GROENLAND
Upernavik
Ilulissat
Cercle polaire
Nuuk
Labrador
Terre-Neuve
La Rochelle
ew York
Halifax
Lisbonne
Madère
Canaries
Turks and Caicos
Banc d'Arguin
Cap-Vert
Antilles

1.

Premier iceberg – Retour en arrière : les commencements – Préparatifs pour le Grand Nord – Le départ

9 juillet 2009, au large du Labrador

Le radar retentit, me tirant d'un sommeil agité. Je m'habille en vitesse et grimpe sur le pont. La nuit est claire et sur la mer étale glisse souverainement celui qui a déclenché notre alarme. Baigné par la lumière de la lune qui est pleine et ronde comme une déesse eskimo, se dresse un monstre de glace. L'iceberg bleuté, d'une hauteur impressionnante, avance sur l'eau et je l'entends frémir et respirer.

Le froid tombe, s'empare de moi. Un frémissement me parcourt et ne s'arrête plus, l'atmosphère se tend, des craquements s'élèvent, sinistres et mystérieux ; le crépitement de la glace qui vit, se déchire, se transforme et se brise. À partir de cet instant, nous ne cesserons plus d'entendre ce bruit funeste, sans jamais nous y habituer complètement.

L'iceberg approche. Sa chair, d'un bleu très clair, semble frissonner. Il sue littéralement, des gouttelettes suintent, des éclats se détachent de lui avec fracas. Il est en mouvement, géant mystérieux en chemin pour une destination inconnue et nous le frôlons tandis qu'imperturbablement il poursuit sa route.

Ce souffle sur mon visage n'est pas seulement celui du froid glacé, c'est le soupir de l'univers, c'est l'haleine de Dieu. À cet instant, je pense à ma mère qui n'est plus là, et je prie pour que notre voyage soit protégé.

C'est mon premier iceberg.

Pour moi, cette rencontre marque le début de la grande aventure que nous avons décidé de tenter, mon mari Philippe Poupon et moi. Le passage, fou, dangereux, risqué, mais mythique, excitant, et presque vierge encore, du Nord-Ouest, de l'Atlantique au Pacifique par le Grand Nord. Mais, à la différence des explorateurs qui y ont risqué leur vie avant nous, nous avons à bord nos quatre enfants, âgés de un à douze ans... Et aujourd'hui, alors que des larmes d'émotion coulent sur mes joues devant cette solitaire madone des glaces, je comprends qu'enfin, nous y sommes.

Notre voyage a commencé il y a trois ans, dans la salle de la petite mairie de Porquerolles, quand ses yeux ont croisé les miens. Je ne croyais pas au coup de foudre, j'avais tort. Nous nous sommes regardés, il m'a souri, et nous ne nous sommes plus quittés.

C'est le mariage de Florence Arthaud, la marraine de mon fils aîné, Loup. Je me sens en attente de quelque chose, sans savoir de quoi. Je viens de tout plaquer derrière moi, je suis à un tournant de mon histoire, épuisée par une vie parisienne trop active. J'ai enchaîné les tournages pour la télévision et pour le cinéma. Pendant plusieurs années, j'ai joué tous les soirs au théâtre dans une salle dont j'ai également assuré la direction, et j'ai monté un restaurant à Montmartre, qui ne désemplissait pas. En somme, j'ai mené une vie de fou, d'une intense activité, sans jamais me poser ; mes projets ont abouti et ont rencontré du succès. C'est le moment que j'ai choisi pour tourner la page. J'ai le sentiment d'être allée au bout de cette aventure avec le restaurant et le théâtre. Presque du jour au lendemain, j'ai donc laissé derrière moi la restauratrice et la directrice de salle, et j'ai quitté Paris pour emménager dans le sud de la France. J'éprouve le besoin lancinant de me rapprocher de la nature, et de passer plus de temps avec mon fils, qui va alors avoir six ans. Je rêve de choses toutes simples comme faire mon marché, me balader sur la plage, manger des pâtes avec Loup devant un bon film. J'ai envie d'une nouvelle vie, plus proche de l'essentiel.

Quand nous nous rencontrons, Philou, lui, a un bateau en construction, un ketch en aluminium de vingt mètres. Mais le chantier est arrêté depuis plus d'un an et Philou, écrasé par les difficultés financières et administratives, n'arrive pas à le relancer. Il vient de mettre la coque en vente. Ce n'est pourtant pas son genre de baisser les bras, mais il se cherche un nouveau cap. Cela fait huit ans qu'il n'a pas participé à une course, il en a perdu le goût, il en a fait le tour aussi, peut-être. Philou a remporté tous les trophées. Il a tourné toute sa vie autour du globe, il est maintenant à la recherche d'une autre façon de vivre sa vie de marin, plus tournée vers l'exploration et la découverte que vers l'exploit en solitaire.

En nous rencontrant, nous nous sommes insufflé la force et l'énergie de nous lancer dans de nouvelles aventures. Nous y avons cru, ensemble. Rapidement, nous nous installons près de La Rochelle, avec mon fils. Et moi qui pensais ne plus jamais avoir d'enfant, je suis bientôt enceinte d'une petite fille. Le soir, Philou et moi faisons tourner la mappemonde, posant notre doigt au hasard sur le globe, rêvant de voyages, de destinations lointaines. Avant de partir, nous ferons ainsi plus de cent tours du monde.

Nous voulons élever nos enfants loin du train-train abrutissant de nos sociétés, loin des villes et plus près de la vie. Nous voulons leur offrir autre chose… Et puis un jour, dans les yeux plissés et profondément bons de mon marin, je vois un iceberg se dessiner.

Philou connaît déjà l'Antarctique. Avec son bateau précédent, un sloop de onze mètres, il y a fait plusieurs longs séjours durant les dix dernières années et y a rencontré Jérôme Poncet qui y voyage depuis trente ans avec sa famille, sur les *Damiens,* ses bateaux successifs. Philou a été impressionné par la passion des Poncet, par leur capacité à vivre hors des normes, au service de leur passion. Il est revenu mordu, comme tous ceux qui s'aventurent dans ces territoires. Les régions polaires exercent une attraction magnétique et spirituelle sur ceux qui y ont goûté qui les lie à jamais dans une relation passionnelle. Philou n'a plus qu'une idée en tête, retourner dans les pôles, se frotter aux glaces, admirer les albatros flotter majestueusement dans la lumière si particulière des confins de notre planète. Il n'a jamais été en Arctique et l'idée qu'il est en train de mûrir est celle d'un départ vers le royaume du Nord. En famille.

Enceinte de sept mois, ne connaissant pas grand-chose à la navigation, contre toute logique apparente, donc, j'approuve avec enthousiasme… Car ce qu'il me propose, c'est la chance unique de marier l'amour et l'aventure, c'est la vie de famille sans le ronron du quotidien, la construction d'un projet commun sans l'enracinement, c'est le vent de la liberté sur le visage de tous les miens. Bref, un rêve pour moi, qui ai toujours été attirée par la mer… et par les marins. Je leur trouve un charme fou, aux hommes de l'océan. À tant se confronter à lui, ils lui ressemblent et dégagent le même mystère, la même sagesse aussi. Ils me rassurent, j'aime leur sérénité. Je vois du bleu au fond de leurs yeux.

Le père de Loup, Titouan Lamazou, est un navigateur. À l'époque où nous nous sommes rencontrés, il venait de gagner le Vendée Globe et il avait entrepris la construction d'un monocoque de quarante-trois mètres, le *Tag Heuer*. Après avoir été baptisé en grande pompe à Venise sous l'œil attendri d'Éric Tabarly, que je rencontrais pour la première fois, le *Tag* devait couler lors de son premier convoyage, au large de la Yougoslavie. S'ensuivirent des années de procès et de batailles procédurales aussi pénibles que stériles. Et Titouan revint à ses premières amours : la peinture, tandis que j'ouvrais mon restaurant. C'est pourquoi, bien qu'ayant longtemps été la fiancée d'un marin, je n'ai que très peu navigué jusqu'ici et n'ai jamais passé une nuit en pleine mer…

Aussitôt notre destination arrêtée, Philou et moi nous plongeons dans les cartes et dans les livres sur le Grand Nord. Nous lisons des récits de voyage, d'exploration, de naufrage, nous découvrons l'histoire de ceux qui ont arpenté ces latitudes septentrionales, en éclaireurs, au péril de leur vie, et peu à peu notre trajectoire s'impose à moi comme une évidence : il faut que nous tentions le mythique passage du Nord-Ouest.

Ce passage commence dans le détroit de Davis, entre le Canada et le Groenland, et s'achève dans celui de Béring, entre l'Alaska et la Russie. Pendant près de trois siècles, des générations de navigateurs ont tenté de trouver une voie maritime reliant l'Atlantique nord au Pacifique. L'idée d'un accès possible par le nord est née à la toute fin du Moyen Âge de l'intuition du navigateur John Cabot. S'assurer une voie plus courte pour le commerce florissant avec les

Indes et l'Extrême-Orient, c'était gagner en compétitivité avec les Compagnies maritimes empruntant l'interminable contournement de l'Afrique pour accéder à l'océan Indien. Une perspective lucrative qui explique l'acharnement à trouver ce fameux passage. Les tentatives infructueuses soldées par des naufrages et des disparitions se sont succédé. Le percement du canal de Suez et de Panama rendit cette option moins attrayante sur le plan commercial. Mais les scientifiques ne renoncèrent pas. En 1906, le Norvégien Roald Amundsen sera le premier à réaliser l'exploit à bord de la *Gjoa* : il mettra trois années pour achever le passage.

Depuis cette date, seule une vingtaine de voiliers – dont quatre français – ont réussi à l'emprunter à nouveau. Son accès reste aléatoire, au gré des caprices du court été arctique qui ne dure que quelques semaines. Le reste de l'année, le dédale de chenaux dont il est constitué est pris par les glaces.

Je suis excitée par ce défi, mais Philou, bien que très tenté, hésite encore. Il propose de faire une première navigation dans ces hautes latitudes, pour nous acclimater et pour tester la *Fleur.* Le passage du Nord-Ouest ne laisse pas droit à l'erreur, il faudra que nous soyons prêts. Mais j'ai confiance, j'insiste : c'est maintenant qu'il faut le tenter. Cette expédition hasardeuse et ambitieuse m'attire précisément par sa difficulté, par son air de bout du monde. Bien que la fonte de la banquise due au réchauffement climatique l'ait légèrement ouvert, les glaces restent imprévisibles, et les dangers réels. Philou, soucieux, me les énumère : se voir pincer par la banquise qui se referme et condamner à hiverner loin de toute habitation humaine ; voir son bateau broyé par l'irrépressible force des glaces ; se faire drosser à la côte et risquer de couler ; talonner sur les hauts fonds, nombreux et mal cartographiés, et ne plus pouvoir se dégager... Mais la possibilité de réussir existe aussi, et à mesure que nous parlons Philou s'enthousiasme. Un an après notre coup de foudre, il fait donc rapatrier sur La Rochelle son bateau, *Fleur australe*, pour en achever la construction.

Dès lors, tout s'enchaîne : la famille s'agrandit, Laura naît en septembre. Philou, aidé de Lulu, son fidèle second, travaille à rendre son ketch plus solide, plus efficace pour affronter les glaces. Quelques modifications sont apportées au plan initial dans la perspective d'une navigation en famille. Prime la sécurité. L'expérience de Philou permet de rendre le bateau extrêmement fonctionnel, performant dans toute situation, confortable et spécialement adapté aux navigations polaires.

Une timonerie est construite. Cette pièce de

vie incontournable nous permettra d'apprécier le paysage sans geler et de barrer bien au chaud. Nous prendrons nos repas dans le carré et travaillerons à la table à cartes : les ordinateurs y sont installés. À bâbord, les enfants ont chacun leur bannette et un bureau pour travailler. À l'arrière, il y a l'atelier de bricolage de Philou, où nous stockerons les légumes et les fruits. À tribord, quatre autres bannettes, une petite salle de douche, des toilettes et la salle des moteurs. À l'avant, une douche et une cabine. Pour ce qui est du linge, nous emporterons une petite machine à laver.

Le bateau a une grande autonomie en fuel, cinq mille litres, qui permet de parcourir environ trois mille milles au moteur sans refaire le plein. Il a une quille relevable pour naviguer dans des eaux peu profondes et peut même s'échouer si nécessaire. Il possède une coque en aluminium épais, le strongall, capable de résister à la pression des glaces. Quatre cloisons étanches lui assurent une bonne flottabilité en cas de problème. La coque et les sols sont isolés avec des mousses néoprènes et polyuréthanes et les hublots sont équipés de doubles vitrages. Je constitue une imposante pharmacie de bord avec l'aide du docteur Antoine Grau, auteur du célèbre *Médecine de voyage*, qui nous fait suivre deux jours de formation pour nous enseigner l'essentiel :

sutures, conduite à tenir en cas de malaise, de noyade.

Pendant que la construction avance, une autre tête blonde, Marion, vient tenir compagnie à sa sœur. Une si belle perspective de voyage ne peut entraîner dans son sillage qu'une grande famille. Nous serons donc sept à embarquer : Nina, douze ans, la fille de Philou ; Loup, neuf ans ; Laura, deux ans ; Marion, neuf mois ; et Betti, une petite Jack Russell.

Un après-midi, nous essayons dans une piscine nos combinaisons de survie. Philou a demandé à Cotten d'en concevoir spécialement pour les filles car cela n'existait pas dans de si petites tailles. Les combinaisons sont bien difficiles à enfiler, Marion et Laura hurlent et se débattent. Cela me projette violemment face à la réalité du danger que je vais faire courir à mes enfants. Ces combinaisons, elles devront les porter si nous faisons naufrage, et les imaginer, mes petites fées malicieuses, en pleine mer, risquant leur vie, me fait battre le cœur jusqu'à la nausée. Mais je m'accroche : le danger n'est pas toujours là où on l'attend, le risque zéro n'existe pas. Philou est un des plus grands navigateurs, il est particulièrement prudent et n'a rien d'une tête brûlée. L'aventure est belle et vaut d'être vécue, voilà ce que je me répète, dans cette piscine devenue sinistre, avec mes bébés hurlant dans les bras.

Nous affinons notre itinéraire. Nous quitterons la France par le redoutable golfe de Gascogne où nous passerons tous (à l'exception de Philou) notre première nuit en mer. Après une escale à Lisbonne, puis aux Canaries, nous rejoindrons la Mauritanie. De là, nous gagnerons les îles du Cap-Vert avant d'entamer une traversée de l'Atlantique en direction des Antilles. Puis nous remonterons vers New York. Mi-juillet nous atteindrons le Groenland et tenterons l'aventure du passage du Nord-Ouest, qui nous mènera dans le Pacifique, en Alaska, deux mois plus tard.

En tout, huit mois de bateau avec les enfants à bord. Il faut donc s'organiser. Pour les petites, j'emporte de la pâte à modeler, des tas de livres, quelques poupées. Pour les grands, Georges, un ami, mon maquilleur lorsque je jouais au théâtre, constitue une énorme filmothèque idéale sur un disc dur. Il faut aussi s'occuper de l'école. Je n'ai pas d'angoisse à les déscolariser, j'ai moi-même grandi ainsi. Mon père, producteur de films et *self-made-man,* était décidé à ne pas se laisser dicter son mode de vie par des contraintes administratives. Mes parents me trimbalaient derrière eux, au gré de leurs pérégrinations professionnelles et autres. Chaque printemps, je tombais soudainement malade, festival de Cannes oblige, et j'avais bien du mal à masquer ma mine hâlée à mon retour à l'école, après dix jours de bonheur absolu au pays des étoiles filantes. J'ai aussi été scolarisée plusieurs hivers à Megève, dans une école de frères où l'on faisait du ski l'après-midi. Je me souviens du regard malicieux et enfantin de mon père me fabriquant de faux plâtres pour justifier de mes absences. Ce ne sont pas quelques mois d'école hors les murs qui me font peur. Nous recrutons un jeune répétiteur amateur de voile, Bastian, sympathique et doué à la guitare, qu'enthousiasme l'idée de traverser l'Atlantique. Il aidera Loup à suivre les cours du CNED. La fille aînée de Philou, Morgane, vingt-deux ans, nous rejoindra en cours de route, pour traverser l'Atlantique et nous aider avec les petites afin que je puisse me consacrer à ce qui va être mon occupation principale à bord : la caméra. Pour la première fois, je serai derrière l'objectif, et je vais filmer notre quotidien, pour raconter nos aventures.

Le 11 février 2009, à 16 heures, par une belle après-midi d'hiver bien bleue, bien froide, nous levons l'ancre. La *Fleur*, notre bateau, se détache du quai et s'impatiente sur les flots, comme pressée de braver l'océan pour la première fois, bondissant en avant sur les vagues. Je ressens une vague d'excitation mêlée d'appréhension, que seuls connaîtront ceux qui partent, qui larguent les amarres et tournent le dos à la civilisation. Solitude, certitude pourtant de mon choix, exaltation. Dans cet état anxieux, mais heureux pourtant, nous prenons la mer. Nous partons !

2.

Traversée vers le Groenland – Les premiers mois de navigation – Les Inuits – La maladie de Marion – La hache de chacal

Loup, bien emmailloté dans ses habits polaires, s'amuse sur le roof avec son bâton sous la surveillance attentive de Philou qui lui répète, pour la millionième fois depuis notre départ : « Une main pour toi, une main pour le bateau. » Voir mon fils si marin déjà, si agile, me fait prendre conscience de la longue route déjà parcourue. Car nous avons connu bien des aventures depuis février. Les premiers jours de traversée du golfe de Gascogne, avec une houle dans le nez, ont été éprouvants : les enfants vomissaient, le vent était glacé, la navigation tendue. Loup, surtout, a passé des heures la tête dans le seau, malade comme un chien, misérable. Et puis aucun de nous n'a l'habitude du bord : nous nous cognons sans arrêt, aux murs, aux placards, nous n'avons pas encore le pied marin, chaque remous nous prend par surprise et nous projette contre les murs. Les petites n'arrêtent pas de pleurer. Nous manquons aussi de rigueur, la moindre chose que nous omettons de ranger correctement se retrouve par terre, et Dieu sait ce qu'une famille avec quatre enfants peut laisser traîner... Les verres se renversent sur les banquettes, les assiettes débordent, la pâte à modeler a collé partout (je m'en débarrasserai discrètement à la première occasion). Pourtant, quand, dans le vent qui souffle froid, à travers la pluie qui tombe, dans nos cirés trempés, nous contemplons la mer, nous sentons monter la joie, l'excitation. Et après trois jours de navigation sans escale, un morceau de la terre de Galice apparaît à l'aube sous le regard émerveillé de mon petit Loup, qui s'écrie « Terre » pour la première fois.

Bien vite, nous approchons de latitudes plus clémentes et nous voilà dans les Canaries. Le bateau nous donne la liberté d'éviter les îles trop touristiques, nous choisissons celles qui sont sauvages, préservées, uniques. Et il y en a. Un jour, Philou nous dépose à tour de rôle pour quelques heures de solitude absolue sur un îlot rocheux. Nous y ferons successivement, les plus grands et moi, une escale aussi courte qu'exaltante. Allegranza est une véritable île déserte dans l'Atlantique, volcanique, rouge sang, belle, chaotique, dramatique. Philou m'y conduit en annexe. Il est impossible d'y débarquer. Je dois sauter à l'eau avec mon sac étanche et nager jusqu'au rivage, une langue de sable noire. Il se met à tomber une pluie légère, rafraîchissante. Je retire mes habits trempés et, nue au milieu de l'océan comme aux premiers temps, je grimpe sur la montagne éclatée avec pour seules compagnes des mouettes hurlantes. Ce lieu est virginal, la nature y est intacte, j'ai l'impression de me débarrasser du superflu.

Aujourd'hui, alors qu'un vent glacé souffle contre les vitres de la timonerie, je me souviens du premier réveil en Afrique, de la chaleur lourde et sensuelle de l'air, de ce majestueux cap Blanc, de la terre jaune de Nouadhibou, du temps suspendu. Je me souviens du ballet des lanches sur le banc d'Arguin, lorsque, au lever du jour, elles glissent sur l'eau, sereines et élégantes, entre Sahara et Atlantique, du rire en cascade des Mauritaniennes espiègles et curieuses, du regard pénétrant des chefs de village dans leurs djellabas blanches, de leur hospitalité généreuse. Je me revois sous une tente d'un village de pêcheurs semi-nomades, assise en tailleur avec quelques femmes, à partager le mouton. Nos mains à toutes, brillantes de graisse, se mêlaient joliment dans le plat, nous étions si proches, si semblables malgré la barrière de la langue, toutes femmes et mères.

Je me souviens encore de ce fantastique feu d'artifice, pluie d'étoiles dans un ciel de pleine lune, le jour de notre anniversaire de mariage, à Mindelo, au Cap-Vert, de ce fado pénétrant venu des entrailles de la ville nous envelopper de sa chaleur, des enfants de San Anton qui s'enroulent dans des filets de pêche en riant. Je me souviens de notre première longue traversée, l'Atlantique. C'est là en plein milieu, sur cette mer que je ne me lasse pas de regarder et qui répond à toutes mes questions, que Marion a soufflé sa première bougie sur un gâteau penché par la gîte. Notre famille construit ses souvenirs et son identité au cours de ce voyage qui nous lie à jamais. Je repense avec un plaisir intact au premier bain de mer dans l'eau turquoise des Antilles enfin retrouvées après douze jours de traversée. Les larmes me montent aux yeux, emportées par ce tourbillon de sensations et d'images. Je revois la *Fleur* fouettée par les sables du désert, balayée par les alizés, rincée par les grains des Antilles, escortée par les dauphins, résonnant des rires, des colères, des chamailleries et des jeux de nos petits.

Cinq mois de mer ont changé mes enfants. Ils marchent avec habileté sur le bateau secoué, leurs corps, souples et efficaces, se sont adaptés à l'espace et je ne les entends plus jamais se cogner. Les petites ont délaissé les jouets de plastique de la civilisation et ne s'amusent plus qu'avec des pinces à linge et autres bricoles, confiantes en leur imagination pour s'inventer mille histoires. Pour les grands, un bâton, des arcs et des flèches. Je les ai vus s'affiner, se muscler, s'endurcir et haler. Ils sont beaux, libres, un peu sauvages, et il n'est pas un instant où je regrette de les avoir entraînés dans l'aventure.

Loup est assis contre Philou, leurs deux têtes penchées sur les cartes de navigation que mon marin explique à mon petit garçon passionné de géographie, sérieux et concentré ; j'ai le sentiment d'avoir accompli quelque chose.

L'horizon n'est plus tout à fait le même, il est éclairé de tous ces milles parcourus, de toutes ces îles laissées dans notre sillage, de tous ces instants magiques ou difficiles que nous avons partagés. Par les fenêtres, je contemple la mer, impénétrable, comme un miroir, et je ne sais plus très bien qui du ciel ou de l'océan reflète l'autre. La réalité s'efface à mesure que nous progressons chaque jour un peu plus vers un univers étrange fait d'ondulations, de mers immobiles et irisées, d'ombres et de nuits incomplètes.

Nous longeons le nord du Canada, dont on nous a déconseillé certaines étapes, sur la côte du Labrador, jugées trop dangereuses. L'alcool, le chômage, le déclin des modes de vie ancestraux y ont fait des ravages. Des histoires d'agression, de bateaux vandalisés en pleine nuit par les Inuits, aux abords de Nain et Natwatwich, nous sont parvenues. Nous décidons d'entamer directement la traversée vers le Groenland. Notre prochaine étape sera le détroit de Davis et la mer de Baffin.

Après plus de deux semaines passées à plat, nous voilà de nouveau à la gîte. Le bateau tangue durement. Mon bébé, Marion, supporte mal les remous et vomit beaucoup. Ce soir pendant le repas, la salade, les haricots verts et la bouteille d'eau se sont successivement déversés sur la banquette du carré. Heureusement, elle est en alcantara et prévue pour résister aux intempéries. Nous filons à huit nœuds vers les hautes latitudes. Les nuits sont de plus en plus courtes. Le soleil met un temps fou à se coucher. Longtemps après sa disparition, l'horizon reste de feu, jusqu'à environ 22 heures, et l'aube, avec son cortège de rose, renaît vers 1 heure du matin. La nuit noire ne dure que trois heures.

Ce matin, Marion est malade : elle a 39,5 °C au réveil. Je lui donne du Doliprane et la surveille de près. Nous sommes en pleine traversée vers Ilulissat, il n'y a pas d'escales possibles avant plusieurs jours. L'état de mon bébé me préoccupe, d'autant que la fièvre ne baisse pas malgré les médicaments. Même si c'est mon troisième enfant et que je sais gérer les petites maladies infantiles habituelles, le fait que celle-ci survienne en pleine mer m'inquiète. Pendant les longues traversées, on redoute tout particulièrement les crises d'appendicite qui se transformeraient en péritonite. C'est la grande terreur du marin. Certains navigateurs se font même ôter un appendice sain, de crainte qu'une inflammation survienne en pleine mer. Car sans une intervention chirurgicale d'urgence, c'est la septicémie et la mort assurée.

Après quelques heures, j'appelle notre pédiatre en France. Il fait une consultation par téléphone et écarte l'hypothèse d'une appendicite. Il me recommande d'éviter que sa température ne monte trop. Chez les tout-petits, une forte fièvre peut provoquer des convulsions et occasionner des dégâts neurologiques. Je reste donc très vigilante.

Cette traversée est particulièrement pénible : le froid est tombé, cinglant, avec un vent qui donne l'impression d'être piqueté d'aiguilles. Les enfants s'énervent des longues séances d'habillage quotidien : collants, sous-vêtements, gants, bonnets, anoraks et j'en passe. Ils ne sortent plus guère sur le pont et tournent en rond dans le bateau. Laura et Loup passent leur temps à se chamailler pour un rien, et je suis obligée d'élever la voix pour les faire taire, surtout quand je filme car leurs disputes m'empêchent d'entendre les réponses de Philou à mes questions.

Nous avons déjà fait trois traversées sans escale. La première, celle du golfe de Gascogne jusqu'à Lisbonne, a duré cinq jours. Ensuite, celle de l'Atlantique, exceptionnellement rapide, a duré douze jours. Le 15 avril, lors de notre dernière soirée au Cap-Vert, nous avions disputé une partie de poker sur une île de sable noire avec Loup, Nina et deux figures locales. Puis nous avions filé sous les alizés, à la gîte de jour comme de nuit mais excités par cette première aventure de la pleine mer (Philou, pour qui c'était la quinzième traversée à la voile dans ce sens, était heureux de notre bonheur). Le chien Beti attrapait, ivre de bonheur, des poissons volants qu'elle venait déposer fièrement sur la bannette de Loup. Et le 27 avril, au réveil, la petite Laura, ébouriffée comme une fée des vents, avait à son tour crié « Terre, Terre ! »

La dernière traversée, la plus récente, nous a menés des Bahamas jusqu'à New York. Les conditions climatiques et le peu de vent nous ont permis des arrêts en pleine mer pour nous baigner, par quatre mille mètres de fond, parmi les sargasses, ces cheveux bruns emmêlés remontés des abysses. Les enfants jouaient à se laisser traîner dans le sillage de la *Fleur*, et il faisait si chaud, à bord de notre petit bateau, que nous rêvions du bon froid sec des hautes latitudes…

Aujourd'hui, j'avoue que j'ai du mal à trouver comment occuper les enfants. L'état de Marion s'améliore et j'essaie de me consacrer aux plus grands. Loup et Nina regardent des DVD, je lis des histoires à Laura, mais elle me réclame toujours la même, qui parle d'une famille composée d'un papa, d'une maman et d'une petite Laura, comme par hasard, qui vivent dans une jolie maison proprette et vont se promener au parc après que la maman a fait la vaisselle et le papa tondu la pelouse. Imperturbablement, dès que nous atteignons la dernière page, Laura, autoritaire, dit : « Encore. »

Demain sera un autre jour, mais j'ai hâte qu'on y soit. Je remarque aussi que Nina semble mélancolique. Elle est à l'orée de l'adolescence, et sa maman, ses copines, sa vie à terre lui manquent. J'essaie de lui remonter le moral, mais à l'image de son père, Nina est très pudique et ne se confie pas facilement. Je redouble alors de petites attentions à son égard, tout en essayant de me convaincre qu'une fois arrivés au Groenland, ces états d'âme passagers se dissiperont. Mais mon baromètre personnel est en baisse aussi. Il n'est rien que j'y puisse faire, j'en connais parfaitement les raisons : le manque d'exercice, de défoulement physique. Seul Philou garde le cap. Il est dans son élément ici. En mer, il est heureux et serein. Lui, c'est à terre que ses humeurs s'altèrent…

Laura, brusquement ragaillardie, comme cela arrive aux enfants, saute de mes genoux et va grimper sur ceux de son père. Autoritaire, elle ouvre les instructions nautiques et interroge Philou. Pointant son doigt menu et impérieux sur la carte, elle demande « Et là, on ira ? et là ? » Je retrouve le sourire : mes enfants sont contaminés par le virus de l'aventure.

Mais dans la nuit, Marion, qui partage ma bannette, est brûlante et pleure dans son sommeil. Sa fièvre atteint les 40 °C. Je tente de lui donner un bain froid, en plus du Doliprane, pour faire descendre la fièvre, mais la mer est violente et nous secoue comme des pruniers. L'eau déborde de la petite baignoire en plastique, éclaboussant toute la cabine, je suis projetée contre le mur, Marion hurle. J'appelle Philou et nous recommençons. Cette fois, il me tient fermement, arrimé au sol de toute sa force, pendant que, cassée en deux, je baigne notre fille dans la bassine.

Marion a cessé de pleurer maintenant, elle dort, épuisée, allongée sur son papa qui somnole lui aussi. Mais la fièvre n'a presque pas baissé, et elle geint faiblement. Philou ouvre les yeux, nous échangeons à peine un regard, nous nous sommes compris : nous allons nous dérouter sur Nuuk, la capitale du Groenland, pour faire soigner Marion. Six cent cinquante milles à accomplir, quatre jours de navigation au minimum. C'est long mais il n'y a pas d'autre solution. Son père et moi nous relaierons pour la veiller.

Au petit matin, en désespoir de cause, je donne à Marion des antibiotiques. Nous avons plus de trente-cinq nœuds de vent, des lames de quatre mètres se brisent sur l'étrave, un vent sud-est fait voler la *Fleur* vers le pays eskimo sur une grosse mer. Le vent forcit d'heure en heure. Des creux de cinq mètres nous secouent. Je tiens la petite dans mes bras lorsqu'elle se remet à vomir. Mal de mer, fièvre, ou réaction aux antibiotiques ? Impossible de lui offrir le calme dont elle a besoin, la colère de la mer nous malmène. Tout valse dans le bateau et Philou est obligé de prendre un deuxième ris, c'est-à-dire de diminuer la surface de voile quand je voudrais qu'on fonce, encore plus vite, vers la terre.

Vers 19 heures, Marion va soudain mieux. Le vent forcit encore. Les lames se creusent mais mon bébé a l'air plutôt en forme. Elle sourit pour la première fois, et je sens ma tension redescendre. C'était une fièvre subite et sans gravité, un petit virus comme en ont parfois les enfants. Nous dînons tous ensemble, apaisés.

Mais mon soulagement est de courte durée. Dans la nuit, Marion se consume à nouveau dans mes bras et je découvre, horrifiée, que sa température s'est élevée à 41 °C. Elle est livide, ses lèvres sont bleues. Nous recommençons l'acrobatie du bain, en pleine nuit, et la fièvre descend à 39,7 °C. Je lui donne un deuxième bain. Elle pleure, elle geint. Une vague plus grosse que les autres manque de me faire tomber alors que je la relève.

Je suis désemparée, je donnerais tout pour foncer à l'hôpital le plus proche. Je parcours le livre de médecine dans tous les sens mais ne trouve aucun symptôme auquel me rattacher, seulement cette fièvre, qui ne descend pas, qui enflamme ma petite fille. Je l'allonge sur moi, nue, et lui transmets toute ma force. Marion est encore au sein, mais elle est si faible qu'elle ne parvient plus à téter. Je l'hydrate à l'aide d'une pipette de Doliprane. Elle finit par s'endormir.

Je serre dans mon poing la pierre qu'une vieille femme lui a offerte sur le banc d'Arguin, au début de notre voyage, en Mauritanie. C'est une hache de chacal, une pierre noire très lisse. Alors que nous marchions dans l'étroite allée d'un campement provisoire, des femmes assises devant une tente m'avaient fait signe d'entrer.

La plus âgée m'avait offert ce porte-bonheur pour ma petite fille. Émue, j'étais revenue le soir même offrir quelques cadeaux à cette femme étrange et inspirée, qui n'avait plus d'âge et qui avait perdu la vue. Elle m'avait fait asseoir avec ses filles et nous nous étions passés de main en main, comme pour la charger de pouvoir, une pierre similaire. Je ne connaissais pas la signification de ce rituel mais, lorsque j'avais quitté la case, je me sentais sereine, heureuse, et forte. Alors aujourd'hui, mon enfant malade blottie contre mon cœur, je m'en remets au pouvoir de ce talisman. Et je prie.

Le 14 juillet dans la soirée, nous arrivons enfin à Nuuk, où une ambulance nous attend sur le quai pour nous conduire à l'hôpital.

3.

L'hôpital de Nuuk – En famille – Premiers quarts – Kangamiût – Le cercle polaire – La baie de Disko – Rencontre à Ilulisat – Georges

L'hôpital de Nuuk, géré par une équipe danoise, est moderne, propre, et de très bon niveau. J'y prends mes quartiers tandis que les médecins essaient en vain de comprendre quelle maladie a frappé Marion, dont le taux de CRP dépasse 230. C'est le signe certain d'une grosse infection, mais laquelle ? Les examens se succèdent, radio des poumons, prises de sang, examen d'urine, rien n'y fait, on ne trouve pas. Pourtant, la fièvre baisse petit à petit, les pics ne dépassent plus les 39,5 °C, et j'ai confiance dans les médecins qui l'ont prise en charge.

Une maternité et un centre de désintoxication se partagent le premier étage du bâtiment. À côté des jeunes mères heureuses dans leurs chambres pimpantes, des hommes et des femmes de tous âges, abîmés et vacillants sur leurs jambes, glissent dans les couloirs comme des ombres et sortent sur la terrasse fumer des cigarettes en tirant plus loin que le filtre. Aux mains tremblantes, aux visages ravinés, on devine la dureté d'existences malmenées. Cette proximité de la vie et de la mort, de la joie et de la détresse me touche. J'apprends que la tradition inuit veut que l'on donne aux nouveau-nés les patronymes des disparus de l'année, et ce quel que soit le sexe. Ainsi, une fille peut porter le prénom d'un garçon, et même être élevée durant ses premières années comme un garçon. Il me semble qu'il y a là une sagesse un peu farouche, qui me fascine.

Enfin, après deux jours d'angoisse, l'état de Marion se stabilise définitivement et on la laisse sortir bien qu'elle ait encore un peu de fièvre. Elle est en forme, souriante, contente de retrouver ses frères et sœurs.

Mais une mauvaise surprise nous attend à bord ; nos compagnons de voile ont décidé de jeter le gant. Ils ont quitté le bord, nous plantant là en plein cœur du Groenland. Ces deux garçons et cette femme nous avaient rejoints récemment, remplaçant le sympathique Bastian et Morgane, la fille aînée de Philou. Bastian a débarqué comme convenu une fois achevée la première partie de notre périple. Morgane, elle, a dû rentrer précipitamment en France car sa maman est décédée pendant que nous traversions l'Atlantique. Ainsi va la vie de marin, parfois cruelle. La mer a aidé Morgane à panser ses plaies, et les alizés ont séché ses larmes. Dès que nous l'avons pu, nous l'avons accompagnée à un aéroport d'où elle s'est envolée pour la France.

Nous avons donc recruté de nouveaux équipiers qui nous ont contactés via notre site et par les petites annonces de convoyage. Ils nous ont rejoints à New York mais, d'emblée, j'ai trouvé les choses difficiles. La vie en huis-clos avec des enfants n'est pas chose aisée. Des tensions ont vite vu le jour entre nous. Philou, à mon exaspération impuissante, est resté fidèle à ce qu'il appelle « la méthode Tabarly », du nom de celui qui l'a formé à la navigation et avec qui il a fait plus de dix fois le tour de la terre. Cette méthode consiste apparemment à ne pas se mêler des conflits au sein de l'équipage, à privilégier le silence, et à laisser les choses se régler d'elles-mêmes… Il n'a qu'une exigence envers ses équipiers, qu'ils aient soif d'apprendre, le sens de l'observation, de la curiosité, et qu'ils comprennent vite. À ses yeux, trois choses sont essentielles : savoir faire les nœuds, savoir lancer une amarre, et savoir l'amarrer sur un taquet. Il faut s'entraîner, comme un pianiste fait ses gammes. Il a surtout besoin d'équipiers pour les arrivées dans les ports et il aime que cela se passe d'une façon fluide et efficace. Il dit qu'on reconnaît un capitaine à son équipage.

Après cette traversée angoissante avec un bébé malade, nos nouveaux coéquipiers ont décrété qu'il y avait « trop de pression à bord ». De quelle pression parlent-ils, de la pression atmosphérique ? Quoi qu'il en soit, Philou les a laissés plier bagage. J'ai l'impression que ces éphémères compagnons de route espéraient surtout qu'on les retienne, mais ce n'est ni dans le tempérament du capitaine ni dans le mien. Tant pis, et bon vent. Je ne parviens d'ailleurs pas à regretter leur départ, bien qu'il nous mette en difficulté, à peine remis de nos inquiétudes au sujet de notre enfant. Il est indispensable que nous soyons plusieurs adultes pour nous relayer à la barre pendant le passage et mener à bien l'aventure. Or nous voilà seuls, aux portes de l'Arctique.

Il est 3 heures du matin, le jour n'en finit pas de mourir dans le port de Nuuk. Moi qui répète sans cesse que la nuit n'est jamais aussi noire qu'avant l'aube, je vais devoir trouver un autre dicton pour me remonter le moral. Faut-il donc avoir été plongés, comme les Inuits, pendant des mois dans la nuit perpétuelle pour apprécier ces jours qui n'en finissent plus ? Pour ma part, cette absence me plonge dans un état étrange, et j'ai du mal à trouver le repos. Je ressens une frustration, la sensation de quelque chose qui n'aboutit pas, qui reste en suspens, qui s'épuise vainement.

Mais je ne suis pas du genre à me laisser abattre, au contraire, ce coup du sort me galvanise et soudain, ce qui pourrait être vu comme une catastrophe me paraît plutôt une chance providentielle. Il n'est pas facile, en effet, d'être à bord avec des étrangers. L'espace vital est réduit, l'intimité impossible, le silence une denrée rare (les enfants, encore...). J'envisage avec plaisir la perspective d'une navigation en petit comité, en famille, vraiment. Il faudra trouver une idée, Philou et moi ne pouvons pas assurer la traversée à nous seuls sans danger pour la sécurité des nôtres. Mais on trouvera, j'en suis certaine !

En attendant l'idée lumineuse, il faudra que j'apprenne à barrer... Bien sûr, je suis en mer depuis cinq mois, je vis nuit et jour sur un bateau, mais j'ai consacré l'essentiel de mon temps à filmer notre aventure et à tenir notre blog que je transmets quotidiennement par iridium. Sans compter bien entendu les enfants, les deux petites en particulier, qui m'occupent sans relâche. Je cumule depuis cinq mois les boulots de maman à temps plein, d'apprentie vidéaste, et de scripte de notre navigation. Il faudra donc qu'à cela, j'ajoute marin en herbe...

Avant de repartir pour Ilulissat, nous faisons

le plein de fuel et de provisions, de produits frais surtout que nous dénichons dans un grand supermarché bien approvisionné (du renne, des cerises, et même du phoque et de la baleine que nous leur laisserons...). Nos achats s'entassent sur le pont pendant que nous nous organisons. Laura, pour nous aider, aligne consciencieusement les dizaines de paquets de couches et lance à ses frères et sœurs, de sa petite voix flûtée, des ordres impérieux qu'ils ignorent superbement.

Philou et moi ferons des quarts. Nina qui, du haut de ses douze ans, nous est d'une aide précieuse, s'occupera des petites. Semblable en cela à son père, elle ne se plaint pas et assume dans ce voyage les bons comme les mauvais côtés, responsable et mature. Car on n'a rien sans rien, elle le sait. Les plus beaux parcours sont jalonnés d'obstacles, il ne faut pas baisser les bras, l'accomplissement n'en sera que plus beau. Philou comme moi savons que les épreuves sont surmontables et que seule compte la réussite finale. Il ne faut jamais lâcher ce que l'on entreprend. Le salut est dans le travail, et nous n'en manquerons pas.

En début de soirée, nous reprenons la mer. Le ciel est d'un bleu radieux, sans l'ombre d'un nuage. Je suis particulièrement émue par ce départ, car nous avons frôlé l'abandon. Tout aurait pu s'arrêter là, le bec dans l'eau… Mais tandis que le vent s'engouffre dans nos voiles, une agréable sensation, familière, fourmillante, mêlée d'excitation devant l'inconnu, de tension et d'espoir, nous électrise comme à chaque nouveau départ.

En regardant Loup et Nina à la manœuvre sur le pont, concentrés pour obéir aux instructions que leur crie Philou, les petites Marion et Laura qui s'amusent gentiment dans la timonerie, je remercie le ciel de mon bonheur. Je suis croyante, et très superstitieuse. Je repense souvent avec amusement à l'histoire de mes parents. Ma mère était d'ascendance catholique, sa propre mère était allemande. Mon père, lui, vient d'une famille juive chassée d'Espagne par Isabelle la Catholique. D'abord réfugiée en Turquie, sa famille avait ensuite tenté l'aventure dans les îles, à la Martinique, où mon père a passé sa petite enfance, puis à Cuba où il a perdu sa mère à l'âge de treize ans, devenant l'homme de la famille. Ma grand-mère paternelle est enterrée au cimetière Christophe-Colomb de La Havane. Aventurier, homme d'affaires, pragmatique et ambitieux, mon père tenta sa chance au Sénégal où il rencontra ma mère. Leur amour ne s'embarrassa pas de préjugés religieux et ils passèrent un marché : leurs enfants seraient juifs et circoncis si c'étaient des garçons, catholiques et baptisées si c'étaient des filles. Ma mère avait de la suite dans les idées : ils n'eurent que des filles. Et je suis donc, par la suite d'un partage provocateur et joueur à l'image du couple que formaient mes parents, catholique et bel et bien baptisée. Mon baptême fut d'ailleurs cocasse : j'avais douze ans et j'étais scolarisée aux Oiseaux où devait se dérouler la cérémonie. Une Lancia noire se gara devant le bâtiment, mon parrain en sortit et pénétra à grandes foulées dans l'église. Un frémissement extatique courut alors sur l'échine de mes camarades (et des sœurs qui nous faisaient la classe) : mon parrain n'était autre qu'Alain Delon. D'une absolue beauté, d'une grâce féline, il était à l'apogée de sa carrière. J'en ris encore, tout en préparant pour ma famille de moussaillons un bon rôti de renne que nous partagerons dans le calme retrouvé de notre intimité.

Cette nuit, une fois les enfants couchés, je rejoins Philou qui barre dans la timonerie. Nous nous retrouvons, mon mari et moi, dans l'atmosphère paisible qui règne à bord et nous parlons à voix basse, tranquillement, des petits riens de notre vie de famille, de nos projets, et des aventures qui nous attendent. Nous échangeons nos impressions et je l'interroge sur la navigation, je remplis à son côté notre journal de bord. Puis il va se coucher pour quelques heures et me confie la responsabilité de notre bateau. En prenant la barre, tandis que dorment et rêvent tous ceux que j'aime, la mer et l'horizon immenses en face de moi, je mesure ma chance.

Le lendemain, nous longeons des sommets enneigés de mille neuf cents mètres, des glaciers au manteau de neige immaculé. Le paysage est d'une beauté à couper le souffle. Le soleil inlassable brille sur une mer d'huile vert bouteille, recouverte d'algues géantes, du kelp. Quelques growlers, de gros glaçons vêlés par les icebergs (eux-mêmes vêlés par la calotte glacière), flottent çà et là. Il fait bon.

Nous jetons l'ancre dans la baie de Kangâmiut au pied d'un ravissant petit village. Nous prenons l'annexe et l'ammarons au ponton de bois. Comme à chaque débarquement, il y a de la tension dans l'air et le capitaine s'énerve. Pauvre Philou, c'est toujours dans le plus grand désordre que nous arrivons à terre. Les enfants se chamaillent, les bébés pleurent, surtout Laura qui refuse d'enfiler son gilet de sauvetage, le chien tombe à l'eau et au retour nous l'oublions... Lorsqu'il y a de la houle, c'est épique.

Kangâmiut, c'est le Groenland comme on l'a rêvé : sauvage, brut, fort. Quelques enfants inuits pêchent. Trois élégants bateaux sont au mouillage, harpon à l'avant. Ici on chasse la baleine.

Nous grimpons dans le village. Du poisson sèche devant les maisons rouges, bleues, vertes et jaunes qui parsèment la montagne de granit. Il y a une pompe à essence, un petit bar. D'un peu partout s'élancent des escaliers en bois que nous empruntons pour gagner le sommet d'une montagne aride d'où nous découvrons un paysage exceptionnel. Une enfilade de fjords aux eaux claires dominés par des sommets légèrement enneigés rejoignent la mer en formant un nuage de réverbération qui trouble la vue et façonne la réalité. Des icebergs, d'étranges silhouettes géométriques ou des mirages peut-être, comme un secret révélé. Il se dégage de ces lieux une impression de pureté extrême, de force fébrile. Quelques goélands planent, un corbeau sautille. Je voudrais remercier la nature de tant de grâce, tant de douceur, de splendeur.

J'ai de plus en plus envie de connaître l'hiver ici, ces nuits qui durent, ce blanc manteau qui recouvre la vie, adoucit les contours.

Les habitants du village nous sourient gentiment. Je pressens leur sensibilité exacerbée. C'est tout le mystère de l'univers que l'on devine dans le regard tranquille et éclairé qu'ils lèvent vers celui qui passe. J'apprends que « *Koana* » signifie bienvenue en Inuit.

Je me sens très proche des Inuits. Tout m'attire en eux, de leur physionomie à leur hypersensibilité. Les femmes sont très belles, avec de beaux yeux verts et bridés. Les hommes ont des visages racés et émaciés. Et les enfants sont à croquer. Leurs sens sont particulièrement développés, ils ont une excellente ouïe. Durant l'hiver, ils chassent à l'oreille et perçoivent les moindres mouvements sous la banquise. Ils ont une immense et subtile connaissance de la nature. Claude Lévi-Strauss l'appelait science, cette capacité et ce désir de connaître, de classifier, d'étudier. Les Inuits ont la science du froid. Ils sont à l'image de la nature dans laquelle ils évoluent, puissants et fragiles, d'une grande douceur, d'une grande violence, instinctifs et sauvages autant que raffinés et élégants. En écriture syllabique, *Inuit* signifie « êtres humains »…

À minuit, le soleil s'éclipse lentement à l'horizon et laisse dans son sillage des griffures rouge sang. La luminosité est toujours forte. La mer est calme, il n'y a pas de vent. J'ai les yeux qui se ferment malgré moi. Mon quart n'est pas fini et je sais que Philou a besoin de se reposer. J'ai compris, dès le début de la traversée, ce qui fait de mon mari le champion qu'il est : il ne s'arrête jamais, et jamais une plainte ne passe ses lèvres. Il trime jour et nuit. Quand il n'est pas à la barre, il est dans son atelier en train de réparer ou d'améliorer quelque chose, et quand rien n'est cassé, il s'affaire quand même sur le bateau, le lavant, le bichonnant, car il sait qu'à la *Fleur* nous devons, plus que notre réussite, notre vie. Il y a entre le bateau et lui un respect mutuel, intimement lié à l'attention qu'ils se portent. Philou ne néglige jamais rien. Tabarly disait de lui qu'il savait tout faire, et c'est vrai : il lave, répare, bricole, coud. Il travaille sans cesse, fait preuve d'une volonté d'acier, d'une résistance hors du commun. Il est aussi bon sprinter que coureur de fond, et jamais je n'aurais cru que l'on puisse se passer si totalement de repos. Et presque sans mauvaise humeur, à part de temps en temps tout de même un bon coup de gueule, en général pour souligner une imprudence de l'équipage, quand les enfants refusent de mettre leurs gilets de sauvetage ou dérangent sa concentration lorsqu'il entre dans un port.

Je ne dors pas beaucoup non plus, et bien que je n'aie jamais eu un gros besoin de sommeil, je suis assez tendue. Depuis sa forte fièvre, Marion réclame le sein jour et nuit. Comme elle refuse obstinément toute autre nourriture, j'ai du mal à le lui refuser. Cela contribue évidemment à me fatiguer. La lumière est aveuglante. Je suis ivre de jour, repue de soleil. Moi qui ne mets jamais de lunettes noires, j'en porte maintenant tout le temps. Mes yeux ont soif de pénombre.

Ça y est, enfin, c'est à mon tour de me coucher

pour quelques heures. Comme la bannette paraît délicieuse aujourd'hui !

L'idée tant attendue s'est présentée, comme une évidence : nous allons demander à mon ami Georges, mon maquilleur au théâtre, de venir nous aider. Il nous connaît bien, c'est un intime de la famille, il aime la mer. Être marin n'est pas une condition indispensable, Philou n'a besoin de personne pour ce qui est de la navigation, juste de quelqu'un qui le relève à la barre, nous permettant ainsi de dormir un peu, et qui nous aide dans les tâches de tous les jours. Il faut surtout quelqu'un qui ne vienne pas brusquer notre intimité. Je suis enchantée de notre décision : plus d'équipiers que nous ne connaissons pas. Et pas plus d'un !

Je prépare un gros gâteau d'anniversaire : Nina va fêter ses treize ans aujourd'hui, aux portes de l'Arctique. En enfournant le gâteau, je repense à mes treize ans à moi, aussi étranges que ceux de Nina.

Je prenais depuis deux ans des cours de comédie, au grand dam de mon père qui ne souhaitait pas du tout me voir me lancer dans la carrière de comédienne. Je m'étais inventé un problème d'élocution (bégaiement) pour le convaincre de m'inscrire au cours Simon les mercredis et les samedis. J'étais passionnée de cinéma, je ne vibrais que pour ça. Petite dernière de la famille, après deux sœurs de douze et treize ans mes aînées, j'étais élevée sans sévérité, avec beaucoup d'amour, de fantaisie et d'anticonformisme. Si mes parents étaient prêts à me passer la plupart de mes désirs, ils ne voulaient pourtant se priver de rien et je m'endormais souvent la joue appuyée au velours d'une banquette de boîte de nuit. Le soir, dans notre maison de Boulogne, leurs amis défilaient sous mes yeux émerveillés, et ils avaient pour nom Claude Sautet dont mon père avait produit presque tous les films, Louis de Funès (j'adorais *Pouic Pouic*, ou *Sur un arbre perché* qui fait rire aujourd'hui encore mon fils), Alain Delon et, surtout, la merveilleuse Romy Schneider. Ces étoiles happaient la lumière d'une façon toute particulière. À leur approche, l'air se chargeait d'électricité. La vie, à leurs côtés, me semblait plus ardente.

Romy Schneider était fabuleuse de grâce et de féminité, toute en sensibilité, on la sentait palpiter, elle semblait vivre plus intensément que le commun des mortels. J'aimais tous ses films. Elle venait souvent discuter avec moi, s'intéressait à moi. Je savais qu'elle portait depuis longtemps un projet qui lui tenait à cœur, l'adaptation du magnifique roman de Kessel *La Passante du Sans-Souci*. Elle demanda à mon père de le produire. Lorsque le film se monta, je parvins à le convaincre de m'autoriser à suivre le tournage qui aurait lieu en Allemagne. C'est ainsi qu'en plein milieu de l'année scolaire, je m'envolai pour Berlin et pris mes quartiers dans les immenses studios de la CCC.

Romy Schneider était à fleur de peau. Ce tournage fut terrible pour elle, très éprouvant. Elle s'était fait opérer d'un rein juste avant le début du film, puis elle s'était cassé le pied. Et enfin, son fils, qui était chez ses grands-parents en son absence, se tua en tentant d'escalader la grille de la propriété.

Après les funérailles, Romy revint terminer le tournage de ce qui fut son dernier film. Je m'asseyais à côté de l'ingénieur du son et je buvais littéralement tout ce que je voyais, chacune des scènes me marquant profondément. Il y en avait d'atroces pour elle, avec un petit garçon de l'âge de son fils, mais jamais elle ne se départit de sa douceur sous laquelle on pressentait pourtant de grands tourments. Force et fragilité mêlées, à l'écran elle était incomparable car sa grâce venait de l'intérieur.

Le jour de mon anniversaire, malgré tous ses malheurs, elle ne m'oublia pas. Elle était descendue à l'hôtel Kempiski et avait voulu me faire porter un gâteau au chocolat. Comme ils n'en avaient pas, elle se rabattit sur un gigot d'agneau dans lequel elle fit planter treize bougies ! Elle m'avait écrit une très jolie lettre que je garderai toujours. Des mots étaient soulignés comme, dans la vie, son accent tonique en mettait certains en valeur et le charme opérait même à l'écrit.

Elle mourut avant la sortie du film, d'un excès de barbituriques. Elle avait trop brûlé, trop donné, trop aimé.

Aujourd'hui, c'est à la fille de mon mari que je porte un gâteau couvert de bougies, et tandis qu'elle ouvre ses cadeaux avec un sourire radieux, Philou nous remet à chacun un certificat de passage du cercle polaire Arctique signé de sa main. Nous l'avons franchi pendant mon court somme, à 2 heures du matin précisément, par 66°34 N et 54°07 W. C'est évidemment la première fois pour l'équipage mais aussi pour le capitaine !

Nous nous arrêtons quelques heures dans le paisible village de Kangâtsiaq. Devant chaque maison sèche un kayak, suspendu à l'envers. Au loin, un iceberg solitaire se confond avec les îles, et dans ce contre-jour, on ne distingue plus très bien le blanc du noir.

Nous sommes maintenant dans la mer de Davis, entre la terre de Baffin et le Groenland. La navigation requiert une grande attention, il faut se faufiler dans un dédale d'îles, de petits goulets, de growlers. Nous apercevons en le rasant de près le village d'Egedesminde. Plus loin, deux baleines sont en vue. C'est Philou, comme toujours, qui les repère le premier. La mer apprend le sens de l'observation, c'est celui que j'ai le plus développé depuis notre départ, comme si je savais instinctivement qu'en mer il était ma survie, mon salut.

Nous entrons dans la baie de Disko. Le spectacle est saisissant : des milliers d'icebergs aux formes inimaginables l'encombrent. Sculptés par une main habile, ils semblent être le fruit d'une imagination démente mais féconde. Ils composent un archipel d'îles en glace, mystérieuses et scintillantes sous le soleil, mouvantes. Au loin, resplendissent les sommets découpés et enneigés des glaciers. Nous sommes accueillis par un troupeau de phoques. Ils nous observent de leurs yeux attendrissants puis replongent.

Pour la première fois, la *Fleur* tâte de la glace. D'un coup d'étrave, elle la fend et ronronne de plaisir en se frayant un passage. Nous slalomons entre ces monstres aux milles facettes. Déversés par le glacier central, certains forment des piscines d'eau phosphorescente et nombre d'entre eux atteignent soixante à quatre-vingt-dix mètres de hauteur. C'est magistral.

Ils découpent le paysage que nous apercevons, ils sont à tous les plans, comme des menhirs blancs derrière lesquels il y en aurait toujours un nouveau, et encore. Les enfants jouent à leur trouver des ressemblances ; ici un sphinx, à bâbord un cygne ou une grande mousse de chantilly, suivant l'angle, là une pyramide. On ressent un courant d'énergie qui électrise l'air. Est-ce la puissance extrême qui se dégage de ces géants des mers ? Ou la fatigue ? Je suis nerveuse. Je voudrais filmer et photographier tout et tout le temps, mais il y en a trop. Je suis submergée par l'émotion, par la force et la vitalité de l'endroit. Mon caractère exalté, passionné, trouve ici à se confondre avec le paysage. Et ce bruit angoissant comme un tonnerre qui gronde lorsqu'ils se brisent, ainsi que ce crissement sourd et continu de la glace fendue par l'étrave nous mettent les nerfs à vif.

Après plusieurs heures de navigation ne reste plus devant nous qu'un dernier mur d'icebergs qui s'étend sur un mille, ultime obstacle avant le village d'Ilulissat.

Nous traversons cette barrière, naviguant au milieu des glaces flottantes. Nous sommes entrés dans un autre monde, un univers au ralenti, où la *Fleur* se déplace parmi des fantômes blafards. Quelques mouettes reposent sur des glaçons, tout est blanc, des mille sortes de blancs qui existent et se déclinent jusqu'à l'infini, et dont je ne soupçonnais pas l'existence. Les Eskimos possèdent plus de cent mots pour dire le blanc de la neige. Voyage au cœur d'un désert de glace, paradis blanc, enfer peut-être ? Enfin, nous apercevons à l'horizon une explosion de couleurs, comme une palette de peintre : Ilulissat.

À Ilulissat, nous avons du temps à perdre. Le passage du Nord-Ouest n'est réalisable que sur une courte période, lorsque les glaces fondent et s'écartent, mais la saison n'est pas encore assez avancée. Nous jouerons donc les touristes en goguette dans les fjords, en attendant Georges qui doit arriver en avion, et le début de la débâcle.

À l'arrivée dans le port, nous croisons par hasard les frères Peyron. Stéphane, amoureux du coin, nous amarre. La coïncidence nous ravit. Philou, surtout, qui aime beaucoup les Peyron et doit à Loïc une fière chandelle, qu'il me raconte aujourd'hui : c'est en 1989, pendant le Vendée Globe. À la sortie de l'Atlantique Sud, Titouan et Philou sont tous les deux en tête, exactement à la même distance, ils se bagarrent pour la première place, excités d'être en concurrence directe alors qu'ils se connaissent si bien pour avoir navigué ensemble deux années durant sur *Pen Duick VI*, le bateau de Tabarly. Alors qu'ils entrent tous les deux dans les mers du Sud et qu'ils rencontrent leur première grosse dépression, le bateau de Philou part au lof, se couche sur la mer en furie et ne se redresse pas ; il était sans doute trop toilé. Ce bateau avait été conçu avec un seul mât mais, quelques mois avant le départ, Philou avait décidé de rajouter un artimon car il trouvait la bôme et la grand-voile trop grandes. Une erreur qu'il paie très cher, car cela a modifié la stabilité du bateau.

Le voilier est donc à l'horizontale, le mât à fleur d'eau, et l'eau commence à entrer, ce qui va heureusement contribuer à le stabiliser. Trente-six heures passent ainsi, Philou secoué dans son bateau couché à 90°, plongé dans l'obscurité, dans le froid, avec la peur au ventre : un retournement complet serait fatal. Toutes ses affaires ont valsé dans la tempête et flottent entre deux eaux, les casseroles, les CD, les vêtements… Un avion d'Afrique du Sud survole les lieux pour juger de la situation. Il prend des photos qui feront le tour du monde. Il lance des engins de sauvetage qui atterrissent trop loin. De toute façon, Philou ne veut pas quitter son bateau.

Loïc Peyron, le navigateur le plus proche, se déroute pour lui venir en aide. Ils se mettent d'accord sur une manœuvre difficile : Loïc doit se débrouiller pour venir frôler au plus près le voilier de Philou, qui lui lancera une amarre. Ils leur faut s'y reprendre à trois fois, tant l'exercice est de haute précision, sur cette mer agitée. Mais cela ne suffit pas à redresser l'embarcation. Philou se résout alors à larguer son artimon et le bateau se redresse. Il réussira à naviguer ainsi tant bien que mal jusqu'à Cape Town. Ce Vendée Globe, c'est Titouan qui l'a gagné. Et Loïc est arrivé deuxième…

En ville, je m'empresse d'emmener tout le monde vers un restaurant dont la réputation nous est parvenue. Par chance, il y a de la place ce soir, et nous nous régalons d'un excellent carpaccio qui se révélera être de la baleine. Les enfants sont d'excellente humeur, ils ont terminé leurs cours du CNED, ils sont en vacances.

Le lendemain, Georges arrive de Paris chargé de cassettes, de courrier, de saucisson, de journaux et de médicaments. Je suis heureuse de retrouver mon vieux copain. Je connais Georges depuis plus de dix ans, depuis mes années Montmartre. À l'époque, j'assure la gestion et la programmation d'un lieu que Lelouch m'a confié. Au départ, nous avons tenté, Claude et moi, de lancer une formule ciné-théâtre : les spectateurs assistent à une représentation, boivent une coupe de champagne puis regardent un film. Malheureusement, ça n'a pas pris, et Lelouch m'a proposé de m'en occuper toute seule. Je l'ai alors transformé en théâtre, le Cinéthéâtre 13. J'y ai produit plus de cinquante pièces de 1998 à

2004 et j'y ai joué moi-même chaque soir, parfois seule en scène. C'est François Perrot, un voisin et ami, qui m'a fait jouer ma première pièce, *Mademoiselle Julie* de Strindberg. Je l'ai ensuite mise en scène à mon tour, et tout s'est enchaîné. J'ai toujours aimé cet esprit de troupe. Je n'ai pas quitté la scène pendant près de sept ans, allant parfois jusqu'à jouer deux spectacles dans la même soirée, pour assouvir ma soif d'adrénaline. Georges m'a maquillée durant toutes ces années, nous avons partagé des moments forts, d'intimité, de mise en danger. Je sais donc que notre amitié résistera à la traversée. Ou, du moins, je l'espère…

Tout autour d'Ilulissat, des meutes de chiens de traîneaux enchaînés dans les champs hurlent à la mort.

Nous passons quelques jours à caboter dans les environs, d'île en île, en plein cœur de cette nature grandiose, sauvage, intouchée. Ces moments sont précieux pour Georges qui doit s'amariner, s'intégrer à notre petit clan soudé. Mais tout se passe à merveille, les enfants sont ravis de sa présence.

Nous naviguons au milieu des icebergs géants. Il y en a des milliers. La *Fleur* se balance gracieusement dans ce désert givré. L'étrave frissonne au contact de la glace, ce bruit sourd se mêle au vêlage des icebergs. Je filme à n'en plus finir, et je photographie aussi. J'ai le dos qui commence à fatiguer. À l'heure du déjeuner, nous rejoignons les Peyron dans un fjord à huit milles de là. Un petit paradis que cet endroit calme (avant notre arrivée) et abrité. Nous déjeunons d'un gros poisson, un halibut, offert par des pêcheurs rencontrés ce matin. C'est drôle de partager un mouillage avec un autre bateau. Nous en avions perdu l'habitude. Depuis quelque temps, nous sommes seuls partout où nous allons et cette promiscuité soudaine donne au lieu un air de vacances. Il faut dire que le soleil brille de tous ses feux et qu'il fait bien bon. À l'entrée de la baie, six ou sept icebergs veillent, comme pour nous rappeler que nous sommes dans le Grand Nord. Au loin, des chiens aboient.

Je n'ai toujours pas eu le temps de parcourir la presse que Georges a apportée. Nous sommes coupés du reste du monde depuis six mois et je ne sais plus rien de l'actualité. Rares sont les nouvelles à nous parvenir, et je me demande selon quel ordre d'importance elles arrivent jusqu'à nous. Ainsi, nous avons appris à Newport la mort de Michael Jackson, et nous avons eu vent de la grippe porcine qui a effrayé la France lorsque nous étions aux Antilles. Pas grand-chose de plus. Le capitaine Amundsen, le premier à avoir franchi le passage du Nord-Ouest à la voile au début du XXe siècle, découvrit lui dans de vieux journaux périmés, après deux hivernages, qu'une guerre avait fait rage entre son pays, la Norvège, et son impérialiste voisine la Suède... Pour nous, le quotidien est fait de silence et les nouvelles importantes sont la présence de phoques, de baleines ou de rennes qui nous transportent de bonheur. Je me sens bien loin de mes préoccupations de terrienne.

J'ai beaucoup de travail de sélection à faire en photos et en rushes afin de poster des envois lorsque nous arriverons à Upernavik. Après cela, nous attaquerons le passage et, jusqu'en Alaska, il ne sera plus question de trouver une boîte aux lettres.

Les enfants reviennent de promenade. On les entend de loin. Je me demande si les Peyron sont aussi ravis que nous de partager leur mouillage... Pour qui voyage sans enfant, notre petit groupe et sa marmaille doivent sembler assez ahurissants. J'entends aboyer fébrilement : c'est Beti, elle est tombée dans l'eau. Décidément, elle n'en rate pas une ! Depuis le début du voyage, ses mésaventures tragi-comiques se succèdent : nous l'avons oubliée sur une île des Canaries, puis sur une plage antillaise, et à New York, je l'ai crue perdue pour de bon ! Nous avons passé quelques jours dans la Marina North Cove au pied des buildings de Battery Park, devant Ground Zero, là où s'érigeaient autrefois les deux tours jumelles. Alors que je connais bien la ville, j'ai découvert pour la première fois à quel point elle est profondément maritime. Les ports, aux très nombreux emplacements, sont archipleins. Il y a un gros trafic sur l'eau, cargos, voiliers, navettes, ferries qui assurent les liaisons entre le New Jersey, Brooklyn et Manhattan. Nous sommes ancrés entre de gros yachts d'un blanc étincelant. Pour nous qui vivons depuis des mois une vie assez sauvage, le contraste est saisissant avec l'effervescence, la suractivité de cette ville survoltée. Il y a tout d'abord l'incroyable bande-son, un grondement perpétuel, intense, fait du moteur des bateaux, du battement de pales d'hélicoptère, des sirènes rugissantes. Et puis les gens sont pressés, tendus, absorbés dans leur existence trépidante, alors que nous sommes lents, ouverts, vulnérables. Philou n'est pas très sensible à ce charme citadin, il préfère rester bricoler à bord tandis que j'emmène les enfants se promener dans Broadway. Direction Toys « R » Us, l'immense magasin de jouets, pour nous approvisionner en Lego qui alimentent le fantasme new-yorkais de Laura depuis des semaines, puis nous faisons cap sur SoHo pour que Nina fasse un peu de shopping et terminons avec une soirée dans un bar branché de Greenwich. Le lendemain, Titouan, qui est venu nous rejoindre pour voir Loup, emmène son fils et Nina visiter la statue de la Liberté.

Notre petite marina est très étonnante, nous sommes cernés par de colossaux gratte-ciel. La nuit, l'effet est très étrange. Juste derrière nous il y a d'immenses grues, pour la reconstruction à l'emplacement des tours jumelles. Nous profitons de notre séjour dans la plus citadine des villes pour faire nos derniers achats, des lunettes de soleil pour protéger les yeux des enfants du jour éternel, quelques vêtements polaires supplémentaires et tout ce qui nous manque encore en cas d'hivernage : des skis, des tentes, des fusées contre les ours… Et puis, le matin de notre départ, alors que nous avons rangé pour de bon les paréos et les maillots de bain et sommes sur le point de lever l'ancre, impossible de remettre la main sur Beti. Elle est en chasse. Aussitôt, nous mettons tout en œuvre pour la retrouver. Nous postons des messages sur Internet, contactons des vétérinaires, imprimons sa photo et la placardons partout. Nous alertons tout le voisinage, remuons le ciel et la terre. Mais New York est vaste…

Au milieu de l'après-midi, nous recevons une description qui correspond. Aussitôt, nous sautons dans un taxi, direction la fourrière de Spanish Harlem. J'ai la gorge serrée et le cœur gros. Est-ce réellement Beti qu'ils ont trouvée ?

Après une courte attente, on me mène dans un long couloir. Tout au bout, je vois notre petite chienne enfermée dans une cage. Dès qu'elle me voit, elle se met à aboyer de toutes ses forces. Les larmes me montent aux yeux. Philou lui-même est ému. Nous retournons au bateau, avec le chien, sous les applaudissements de toute la marina qui s'est mobilisée depuis le matin. Nous ouvrons le champagne pour les remercier, et partons enfin, gonflés d'émotion. La *Fleur* et ses passagers au grand complet, avec Titouan en plus, longe l'Empire State Building, la Chrysler. C'est tout simplement magique. Titouan prend la barre, nous coupons la 58ᵉ Rue, passons Queensboro Bridge. Je souris en regardant l'étrange équipage que forme ma petite famille recomposée, les deux papas de mes enfants, mon chien fugueur qui n'en fera jamais qu'à sa tête, glissant sous le pont de Brooklyn.

Ce souvenir s'estompe tandis que je repêche Beti. Je pars me balader pour prendre un peu l'air loin de la famille et apprécier un moment de calme. Cela me fait un bien fou de m'éloigner du bord de temps en temps. J'ai parfois du mal à les abandonner ne serait-ce que pour quelques heures, il y a toujours quelque chose qui me retient. Philou qui comprend à quel point nous avons tous besoin de moments à nous, même courts, pour nous ressourcer, m'y pousse. Il sait qu'il faut profiter des escales à terre, puisque ce n'est évidemment pas possible en traversée. De toute façon, en traversée, tout est différent : autre rythme, autre manière de fonctionner, les enfants sont plus calmes, plus posés. C'est ce que j'apprécie lorsque nous sommes en mouvement, cet autre temps où les heures s'écoulent plus lentement et où tout s'apaise. Bien que les sauts de puce aient un charme fou avec la découverte de nouveaux mouillages, de nouveaux fjords, de nouveaux villages, c'est assez fatigant en famille : cela demande toute une organisation et les enfants, hyper-sensibles au changement, sont souvent surexcités. En traversée, ils se laissent prendre par le rythme ensorcelant de l'eau, de l'avancée tranquille, par l'imperturbable succession des heures.

Je grimpe au point le plus haut du village devant lequel nous sommes amarrés. De là, la vue sur cette mer d'icebergs disposés par le Grand Architecte de la nature me laisse sans voix. Il s'en dégage une grande spiritualité ; l'esthétisme poussé à son extrême tend au sacré. C'est un paysage immuable, infini, en perpétuel mouvement. Les chiens hurlent à la mort, un iceberg se brise dans un fracas venu des ténèbres, mais la douceur et la pureté sont pourtant là, dans le blanc de la glace, des montagnes, et des gros cumulus.

J'ai mal au dos, ma caméra est lourde. Chez moi, peut-être plus encore que chez tout autre, le physique entraîne totalement le mental, je suis accro au sport et j'ai besoin de dépenser régulièrement mon énergie. Ce n'est pas pour rien qu'on m'appelait, enfant, « Mademoiselle 100 000 volts ». Lorsque je suis trop inactive, je vois tout en noir, et je le sais. Il m'arrive de douter de tout. Alors il n'y a rien à faire qu'attendre que la forme revienne. J'aime faire les choses à fond et je souffre de devoir négliger l'une ou l'autre de mes activités. À bord, il m'est difficile de me concentrer sur le travail intellectuel, ou alors je culpabilise de ne pas m'être assez consacrée à tel ou tel de mes enfants. Car ce n'est pas parce qu'on passe toute la journée avec sa famille que l'on est forcément suffisamment disponible.

Ces petits états d'âme s'enfuient vite dans notre sillage. Je sais la chance immense que j'ai de vivre des moments si forts avec les miens et de pouvoir trouver quand même le temps de filmer, d'écrire et de photographier, malgré le travail quotidien que représente la vie à bord, la vie tout court d'ailleurs. Pour une femme, mener de front une carrière, une maternité épanouie, une vie amoureuse et des projets personnels, c'est toujours une course et cela implique la capacité de se dédoubler, que ce soit à terre ou en mer.

Aujourd'hui, Loup et moi avons commencé les devoirs d'été du CNED. Cela nous prendra quotidiennement une à deux heures. Ce sont des moments à nous et, même s'il est vrai que reprendre le travail scolaire ne l'emballe guère, il est ravi que je me consacre exclusivement à lui. Il trouve que ses deux petites sœurs me prennent beaucoup de temps et d'énergie.

Minuit, le soleil ne se couche pas. Nous louvoyons entre les icebergs. Dans cette lumière tamisée, je me demande si je rêve ou si je suis éveillée, tant le paysage est improbable. Nous sommes transportés dans une autre dimension. Tout semble endormi, lent. C'est une impression étrange, difficile à partager. Jusqu'à présent, les enfants ne sont pas déréglés par ces journées continues. Nous avons recréé la nuit dans leur bannette. Ils s'endorment et se réveillent aux mêmes heures que d'habitude. En ce qui me concerne, je m'aperçois que chaque jour je me couche un peu plus tard.

Nous partons visiter un fjord et cheminons dans la toundra, enjambant de nombreux amas morainiques, grosses bosses cauteleuses constituées de débris minéraux transportés par un glacier ou par une nappe de glace. Le sol est sec en apparence, il crisse sous les pieds mais est humide en dessous et l'on s'y enfonce. Nous sommes au paradis. Le seul hic, c'est qu'il ne faut ni parler ni bâiller sous peine de gober un moustique. Nous franchissons un col, après une longue ascension nous atteignons le promontoire où nous découvrons plusieurs lacs et une cascade. Loup remplit une bouteille de cette bonne eau fraîche et pure.

De là où nous sommes, nous apercevons distinctement la calotte glacière, l'inlandsis, et nous prenons pleinement conscience que le Groenland est entièrement recouvert de ce chapeau blanc. Le paysage est fait de montagnes brunes aux sommets étincelants, d'icebergs bleutés, d'air limpide et cristallin. C'est en montant vers le ciel que l'on ressent le mieux les vibrations du Nord.

Nous sommes reposés d'avoir pu nous défouler. Dans la soirée, nous reprenons notre navigation dans un interminable coucher du soleil entre les icebergs. Philou barre avec Laura dans les bras. Assise sur le tableau de bord, Marion déchiquette consciencieusement un guide sur les oiseaux tandis que Loup et Nina lisent dans le carré.

À 1 heure du matin, la lumière du soir effleure encore les glaces. Je descends dormir quelques heures mais suis réveillée par le bruit des glaçons qui heurtent la coque. Il n'est pas encore

4 heures, je n'arrive pas à me rendormir et je rejoins Philou dans la timonerie : c'est déjà le petit matin, la nuit n'aura pas duré trois heures.

Philou est comme le soleil, il ne dort jamais, il est infatigable. Quand je m'inquiète, il répond qu'il n'y a pas péril en la demeure. Pendant la course du Figaro, il lui arrivait de rester quatre jours sans fermer l'œil. Il l'a remportée trois fois, et c'est selon lui l'épreuve qui demande la plus grande endurance. Il faut se connaître parfaitement, savoir ses limites, et se pousser à son maximum sans jamais s'épuiser… Je m'en veux presque d'avoir dormi deux heures. Les icebergs sont plus gros que jamais et j'ai le vague sentiment d'avoir raté quelque chose. Je sais que désormais, je ne dormirai plus beaucoup. Nous sommes en route pour Upernavik et nous attaquerons le passage dans la foulée, si tout va bien. J'aimerais pouvoir mieux relayer Philou, mais il n'a confiance qu'en lui-même, en son expérience et en son instinct de marin, pour cette navigation qui ne va pas tarder à se corser. Il ne lâche pas volontiers la barre, ni moi ma caméra.

4.

Souvenirs du banc d'Arguin – Rencontres
à Upernavik – Dernière escale – Titouan et Philou
à Newport – Mer de Baffin – La Divette du Moulin

Le 25 juillet, nous quittons cette zone du Groenland par le chenal de Véga, un long couloir magnifique de six milles de large qui court sur soixante-dix milles entre les falaises escarpées de l'île Traill et celles de l'île de la Société nationale de géographie. Ces murailles grandioses ont été ciselées par l'érosion, elles sont d'une douce couleur brune et plongent dans la mer d'un bleu turquoise taché du blanc des icebergs. La nature exulte. Philou est extatique. Une journée comme celle-là, passée à naviguer entre ces falaises arides, immenses et découpées, avec ceux qu'il aime, c'est la raison de vivre de mon marin.

Pour moi, c'est plus difficile. Le système qui me permet d'alimenter notre blog est en panne, et ce rendez-vous quotidien, bien que virtuel, avec la terre, me manque déjà. Et puis les petites sont surexcitées. Elles ont du mal à se satisfaire de l'espace étroit du bateau. Marion ne marche toujours pas. On sent qu'elle en a envie mais elle n'en a guère l'occasion : sur le bateau par manque de place et à terre parce que nous la portons dans un sac à dos. Sa sœur et elle ont besoin de se défouler et tournent en rond dans la timonerie.

Dans la soirée, le vent forcit, nous l'avons désormais dans le nez. Marion a le mal de mer, elle vomit à nouveau. J'ai du mal à supporter de la voir malade, je me remets immédiatement en question. Est-ce bien raisonnable de lui faire endurer cette vie de marin, dans toute sa dureté ? Je l'imagine en vacances sur une plage de Bretagne à crapahuter sur le sable, à faire trempette et à s'amuser avec des fillettes de son âge. Laura court à côté d'elle et patauge dans l'eau. Mais pour l'heure, elles sont blotties l'une contre l'autre. Le bateau est à la gîte et la mer grossit encore. À l'horizon, un phoque se prélasse sur un énorme iceberg qui ressemble à une tortue. Ça me rappelle un épisode traumatique, pour moi en tout cas, de notre navigation : alors que nous venions de quitter les Grenadines, nous avions mis le cap sur Sainte-Lucie et prévoyions de naviguer toute la nuit. J'avais endormi les petites dans la bannette à l'avant. Lorsque j'étais remontée dans la timonerie, Philou m'avait annoncé que nous nous déroutions sur Kingstown pour accomplir quelques formalités de douane. Une heure après, le vent forcissait, nous étions dans le canal entre Bequia et Saint-Vincent. La mer était grosse. Nous étions au près, grand-voile haute et artimon hissé. Des paquets de mer se déversaient sur le pont, quand j'avais soudain entendu hurler les filles. Me précipitant à l'avant, j'avais découvert mes princesses trempées sur la bannette dégoulinant d'eau de mer. J'avais laissé ouvert le hublot latéral. Les petites sanglotaient, réveillées en pleine nuit par de violentes giclées d'eau salée. Horrifiée, je les avais remontées dans la timonerie, séchées, consolées, et rendormies contre moi, en sécurité. Plus de peur que de mal, mais la salutaire piqûre de rappel : en mer, l'erreur pardonne rarement.

Le lendemain, nous naviguons entre des îles brunes, arides et vierges. L'iridium est réparé grâce à l'ingéniosité de Philou. Des mamelons se dressent fièrement vers le ciel, il y a un peu moins d'icebergs. Les montagnes sont parsemées de neige, la mer est plate.

Nous nous arrêtons à Proven, un petit village perché sur la montagne. La famille part se balader, je reste à bord me reposer. Je me sens un peu faible et j'ai la tête qui tourne. Baisse d'énergie. C'est rare et je n'aime pas ça. Il faut dire que je dors peu et que les deux activités supplémentaires qui m'incombent désormais, les devoirs d'été de Loup et la cuisine matin et soir (depuis le départ de nos équipiers), ne me laissent guère l'occasion de récupérer de mes courtes nuits. Je prends la décision d'arrêter de dérusher mes bandes, cela me prend trop de temps. J'enverrai mes cassettes sans les sauvegarder, ce qui me déplaît mais me simplifiera considérablement la vie.

Le reste de la famille se porte à merveille. Le soleil est au beau fixe. Le paysage est tout simplement magistral. On se sent tout petit dans cette nature qui exulte. À bâbord, un petit bateau à moteur approche, c'est une famille eskimo qui rapporte la chasse : un phoque. Devant chaque maison que nous apercevons, le drapeau du Groenland flotte gracieusement.

Philou et les enfants reviennent. Loup monte sur le roof avec son bâton préféré en guise d'épée et livre une bataille imaginaire à Jack Sparrow du *Pirate des Caraïbes* en parlant à mi-voix, totalement absorbé. Nina l'interrompt malicieusement : « Ben, Loup, tu parles tout seul ? » Tiré de sa rêverie, Loup se défend avec indignation : « Mais non, pas du tout ! Qu'est-ce que tu racontes ? »

Nous appareillons. Nous longeons une falaise brune sur laquelle nichent des milliers de mouettes tridactyles. Elles nous gratifient de leur merveilleuse mélodie. Au loin, une nappe de brume épaisse nous attend, cela faisait longtemps que nous n'en avions pas vu. La navigation dans ce labyrinthe d'îles est réjouissante.

Lorsque nous étions au large de la Mauritanie, nous avons navigué dans un dédale d'îles merveilleuses peuplées d'oiseaux : le banc d'Arguin, un parc national classé patrimoine de l'Unesco. Cette partie du voyage, bien lointaine à présent, me revient comme un rêve. Des paysages ocre et bleu, une succession de vagues et de dunes à perte de vue. Partout flotte l'odeur forte et âcre des rivages africains, odeur de poisson et de sel, d'épices et de mystère. Loup pêche ici le premier poisson du bord : un mulet. La navigation est difficile – c'est là que le radeau de *La Méduse* a fait naufrage –, les cartes sont imprécises et il y a beaucoup de hauts-fonds. Nous ne croiserons aucun autre bateau, à part les graciles lanches à voile des pêcheurs nomades du coin. Nous traversons des campements sur des îles ondulées baignées d'une lumière absolument pure, comme on n'en trouve que dans le désert. L'eau verte et transparente nous entoure, le bateau s'échoue tranquillement. Les chefs de village nous invitent à prendre le thé, les femmes dressent des tentes pour nous et préparent du riz mauritanien et du poisson frais. Elles sont belles et apprêtées. Chaque jour, Philou, papa attentionné, sort un nouveau jouet pour les enfants : un toboggan, un cerf-volant, un kayak gonflable. Nous marchons sur la plage. Des flamants roses, des sternes et des cormorans nous accompagnent. Des nuages de sable soulevé par le vent dessinent une traînée scintillante dans le ciel de feu.

Pour quitter le banc d'Arguin, nous traverserons la létale baie du Lévrier, véritable cimetière de bateaux. Les bateaux de pêcheurs filent comme des fantômes entre les nombreuses épaves qui gisent par les hauts-fonds. Nous laisserons derrière nous ces journées enchantées, nimbées d'une telle douceur de vivre que je ne sais si je les ai vécues.

Nous passons maintenant des heures le nez plongé dans les cartes. Au large du Groenland, les dangers sont réels et nous composons avec beaucoup de soin notre itinéraire. D'autant que la brume est maintenant du voyage. Un énorme iceberg, un des plus gros que nous ayons vus, en émerge lentement.

Nous recevons des nouvelles des glaces : Pont Inlet est encore complètement bouché, et il reste dans le Peel Sound des bouchons de vieille glace qui perdurent tard en saison. Plus loin, il existe deux possibilités : la route via Gjoa Haven, mieux protégée mais qui comporte de nombreux hauts-fonds ou la route par Victoria Strait où nous passerions au vent de King William. C'est plus court mais nous risquons de nous faire pousser vers la côte par le pack. Ces informations très précieuses proviennent de Maurice Uguen, radio amateur, touche-à-tout de talent, passionné de météo et de navigation. Il a été le routeur de Philou dans ses premières transats, au début des années 1980 et il a lui-même hiverné en Arctique en 1981 avec *Vagabond.* Il connaît parfaitement le coin. Il suit notre périple et s'est proposé pour être notre routeur des glaces. Il nous est d'une grande aide.

De toute façon, il est trop tôt pour tirer des conclusions hâtives. Au dernier moment, la météo rentrera en ligne de compte. Le vent et le courant sont des facteurs essentiels, nous ne pouvons faire aucune prévision à ce jour.

Je m'apprête à descendre avec Georges pour filmer en Zodiac la *Fleur* entre deux icebergs. J'aimerais m'en approcher au maximum, en espérant qu'ils ne se brisent pas. Cette nuit, nous avons pu assister à un effondrement. C'est très impressionnant le fracas dans lequel ils s'écroulent, comme frappés par la foudre.

Entre la mer et la brume, le ciel est doré. Il

est 23 heures. L'annexe se glisse entre les deux icebergs, je les entends gronder. Adrénaline, quand tu nous tiens ! Par VHF, Philou me demande avec insistance de rentrer. Mon marin n'a peur de rien mais il n'aime pas l'imprudence… Mais je suis prise par ces images magnifiques, happée et concentrée, pleine de la force de ces deux monstres marins. Ils tremblent, ils craquent, par leurs fissures on croit apercevoir leurs entrailles. Ils transpirent de petites gouttelettes, je les sens vibrer. Un frisson remonte le long de ma colonne vertébrale. Dans mon dos, Georges grommelle, inquiet et réprobateur. Faut-il qu'il me soit dévoué pour supporter ça !

Après deux heures d'émotions pures, j'ai ce qu'il me faut, c'est dans la boîte. Nous remontons à bord. À cet instant précis, le plus gros des deux icebergs, celui que je sentais littéralement respirer, vêle un gros glaçon.

Le 27 juillet, à 1 heure du matin, nous arrivons en vue d'Upernavik. Ce doit être notre dernière escale avant d'entamer le passage. Avant de débarquer, je tends la caméra à Philou pour faire un petit point à l'image sur cette étape. Il s'exécute de bonne grâce, mais lorsque je récupère la caméra et que je visionne, je suis fâchée qu'il m'ait si mal filmée, je trouve qu'on me voit à peine. Je décrète que dorénavant je ferai mes cadres. Philou se vexe, le ton monte. Ni l'un ni l'autre ne lâche, comme d'habitude, mais aussitôt à terre tout est oublié. Nos disputes sont parfois violentes mais elles sont de courte durée. Nous partageons tous les deux la conviction qu'il ne faut jamais laisser l'instant d'avant gâcher celui d'après, et c'est complices à nouveau que nous nous engageons dans Upernavik. Nous devons faire quelques envois et aller sur Internet. Dans les rues, le vent fait rage et nous avons du mal à avancer. La poussière crée un nuage autour de nous.

Nous sommes à la poste à 15 heures, mais la trouvons déjà fermée. Nous nous mettons en quête d'une solution de rechange, mais il n'y a ici ni restaurant, ni hôtel, ni café Internet. On nous indique une petite épicerie où l'on pourra nous aider. Le patron, un Danois de fort méchante humeur, nous jette dehors en répétant : « *Close, close.* » Ce sont d'ailleurs les deux seuls mots en anglais que nous entendrons aujourd'hui. Tant pis, nous retournerons à la poste demain à la première heure. Le vent forcit, la mer devient blanche. Nous rejoignons l'annexe, assaillie par une ribambelle de petits Inuits bien mignons.

Je suis heureuse. Nous sommes en plein dedans. C'est bien l'idée que je me faisais du Grand Nord. La tension commence à monter. Ici, il y a même des growlers dans le port, qui flottent à côté des caboteurs.

Ce soir la brume est tombée comme un coup de massue sur Upernavik, une brume comme je n'en avais jamais imaginé. Gluante, glaciale, presque compacte, elle nous frigorifie les os et l'âme. La glace a totalement envahi le port. Nous faisons la connaissance d'un équipage américain, trois hommes qui s'apprêtent à tenter le passage à bord du *Fiona*. Leur capitaine est un homme passionnant, ingénieur et marin qui a beaucoup navigué autour du monde. Il est spécialiste en nouvelles énergies.

Le lendemain, après avoir effectué nos derniers envois, nous regagnons notre bateau. Depuis le pont, nous entendons quelqu'un tousser dans la timonerie : Peter, un Inuit du coin, nous y attend. Visage de cire, traits tirés, l'œil fixe, timide mais pourtant décidé, il sort de son cartable dix dessins au crayon représentant des icebergs, des Eskimos et des armes de chasse. Il a un joli coup de crayon, nous lui achetons deux portraits. Peter se confond en remerciements, en inuit. Puis il sympathise avec Loup à qui il offre une troisième esquisse. En retour, Loup lui donne un dessin du *Hollandais volant* (le bateau dans *Pirate des Caraïbes*) et Peter prend congé.

Nous rencontrons ensuite un policier sympa-

1
Mes parents. Ce jour-là on remet la Légion d'honneur à mon père pour sa carrière de producteur.
2
Déjà attirée par les glaces, je viens de fêter mes quatre ans.
3
Sur le tournage de *Fabio Montale*, avec Alain Delon.

4

Company Business, avec Gene Hackman et Mikhail Baryshnikov. Quatre mois de tournage entre Paris, Berlin et Los Angeles.

5

J'ai adoré jouer dans ce film de Radovan Tadic.

6

Avec Michel Piccoli sur *La Vie crevée*. Une belle rencontre.

7
Soirée d'après spectacle à La Divette, mon restaurant montmartrois, avec François Perrot, Anouk Aimée, Jean-Marie Bigard, Claude Lelouch, Alain Delon et Florence Arthaud.

8
Préparation du Ti Punch antillais. J'aime passer derrière le bar.

9 et 10
L'affiche de *Mademoiselle Julie* :
j'adore ce dessin de Titouan – moitié moi, moitié Julie.

11 et 12
Notre mariage à Saint-Barth. C'est LouLou, une figure locale, qui m'a conduite à la mairie sur son joli cotre.

thique qui nous permet enfin d'accéder à Internet. Sa gentillesse et son honnêteté me remettent en mémoire une mésaventure survenue début juillet. Nous attendions les douaniers avant de quitter Lunenburg pour Halifax, la capitale de la Nouvelle-Écosse. Philou les avait contactés dans l'après-midi et en début de soirée les voilà qui arrivent, gilet pare-balles, gants noirs, visages fermés. « Vous êtes en faute, cela fait trente-six heures que vous êtes là, vous auriez dû nous contacter dès votre arrivée. » La veille, jour de fête nationale, nous n'avions pas pu les trouver… De mauvaise foi, méprisants, ils ne veulent rien entendre, montent à bord et nous font ouvrir tous les placards. Les questions fusent : « Combien de bouteilles de vin ? Combien de paquets de cigarettes ? D'où viennent la viande, les légumes ? » Par chance, nous venons de faire un gros plein et pouvons facilement en justifier, tickets d'achat à l'appui. « Et le chien, son carnet de santé ! » La pauvre Beti, après son aventure new-yorkaise, a reçu double dose de vaccins et il se trouve qu'en plus, je l'ai conduite ce jour même chez le vétérinaire car elle tousse beaucoup. En ouvrant le carnet de santé pour le tendre aux douaniers, j'aperçois la mention *possibly pregnant* dans la marge ! Peut-être enceinte ? Et le vétérinaire qui ne m'en a rien dit. Il ne nous manquerait plus qu'une bande de chiots en folie pour parfaire le paysage à bord.

Les douaniers ne trouveront rien à nous reprocher mais nous infligent quand même deux mille dollars d'amende pour ne pas les avoir contactés dès notre arrivée. Après leur départ, pour calmer ma rage et ma frustration, Philou me raconte qu'il lui est arrivé une histoire similaire avec Tabarly à Los Angeles. Ce dernier, ulcéré par les douaniers, avait fini par les gratifier d'un furibard « *It's a racket !* » Philou ajoute : « Je crois bien que c'est le seul mot qu'il connaissait en anglais. »

Le gendarme d'Upernavik habite Nuuk, on l'a rapatrié ici pour superviser et tempérer les conflits. La population de la ville n'a rien à voir avec celle de Nuuk ou d'Ilulissat. Les habitants sont, paraît-il, plus violents, plus agressifs. Sans doute est-ce dû à l'isolement des hautes latitudes et à l'espace réduit dans lequel ils évoluent. Notre nouvel ami nous conseille la prudence. Presque toute la nuit (si l'on peut dire, car il fait plein jour), on entend en effet une grande agitation sur le quai, des gamins jouent au foot et des éclats de voix nous réveillent plusieurs fois. Mais il n'y a pas de grabuge, et le lendemain, nous levons l'ancre. Les trois icebergs à l'entrée du port ont sombré dans le brouillard. Depuis la timonerie, bien au chaud, je regarde disparaître le port qu'envahissent les glaces.

À bord, tout se passe bien. Georges s'est intégré sans effort à notre petit groupe. Loup, qui le connaît depuis toujours, est ravi qu'il soit là. Cela a gommé toute la mauvaise humeur qui avait fait suite au départ de Titouan. Car en sept mois, il n'a vu son papa qu'une semaine. Titouan a navigué quelques jours avec nous, de New York à Newport. Nous avons fait notre arrivée dans le paradis du yachting sous un ciel radieux, parmi de belles embarcations : un petit sloop de bois nous escorte, une magnifique goélette louvoie dans notre sillage. Ces deux marins chers à mon cœur, dans ce port mythique longtemps fief de la coupe America, se regardent avec un brin d'excitation mêlée de nostalgie. Ils y ont tant de souvenirs : Newport a vu l'arrivée mythique de Tabarly en 1964 dans l'Ostar, puis son triomphe en 1976. Newport a vu aussi les larmes de Philou en 1984, avec sa victoire envolée : Philou était arrivé en vainqueur mais on lui retira sa place au dernier moment pour l'offrir à l'ami Yvon Fauconnier après rétribution de ses nombreuses heures perdues au secours de Philippe Jeantot. Après cette déception, Philou remporta une victoire éclatante en 1988. Titouan, lui, arriva second au BOC de 1986, et rata selon ses propres dires la Transat de 1988.

Pour fêter notre arrivée au pays de la brume, les cloches sonnent dans les bouées de la baie de Narragansett. Titouan quittera notre bord en embrassant bien fort son fils. Il a une confiance absolue dans les qualités de marin de Philou et il sait que Loup est entre de bonnes mains. Mais ils ne se reverront pas de l'été, et mon petit garçon a le cœur gros.

À bord, Georges est très sollicité. Je sais qu'il adore les enfants, mais hier, il m'a demandé, mi-figue mi-raisin : « C'est toujours comme ça, ici ? » Je crois qu'il est un peu ahuri par le niveau sonore et l'agitation qui règnent toute la journée sur le bateau. Les enfants se chamaillent, les bébés crient, les jeux succèdent aux bouderies, le tout dans un brouhaha perpétuel. Je lui confirme, pince-sans-rire : « Oui, c'est toujours comme ça. » Pour lui, célibataire endurci, habitué à la vie en solo, c'est un sacré changement. Mais il est heureux d'être là. Philou lui apprend au jour le jour des rudiments de navigation et il se montre doué.

Le 29 juillet, nous sommes en mer de Baffin. Il y a de moins en moins d'icebergs. Bientôt, nous rencontrerons la banquise. Mais c'est avec un petit pincement au cœur que je laisse ces colosses de glace dans notre sillage. Je me suis habituée à leur présence curieusement rassurante. Ils habitent la mer avec grâce et sérénité. J'aime les observer, contempler leurs visages changeants. Ils ont nourri de leur présence nos dernières semaines de navigation, créant à chaque fois la surprise. La mer a l'air toute vide à présent.

Le ciel est gris, l'eau est grise. Tombe un léger crachin qui déteint sur notre moral. La température est de 3 °C, le baromètre est en baisse depuis hier soir. Nous sommes à trois cent quarante milles de l'île Devon, où nous ferons certainement un arrêt dans la baie Dundas Harbour. Nous croisons encore quelques icebergs isolés, il faut donc rester vigilant. Dans la timonerie, Nina lit, Loup fait son quart et veille les icebergs, Marion et Laura jouent à la poupée. Philou est sur le pont, il tranche le poisson acheté à des pêcheurs d'Upernavik, et Beti l'observe avec convoitise. Georges fait la sieste. Sur les ondes, Jean Ferrat chante « Aimer à perdre la raison ». L'horizon est de plus en plus sombre. J'ai préparé un tiramisu pour le goûter.

Cela fait plus de six mois que je n'ai pas passé plus de trois jours sur la terre ferme. Six mois que nous avançons, que nous filons vers ces hautes latitudes. Me serais-je imaginée, il y a quelques années, avec trois enfants à moi et une quatrième de cœur, filant tout droit vers la banquise ? Sûrement pas. Il y a à peine cinq ans, j'étais encore très impliquée dans la vie parisienne, et les glaçons, c'est dans les verres que je les voyais flotter.

En 1997, après la mort de ma mère, qui m'avait laissée brisée, vulnérable, j'apprends que le restaurant juste en bas de chez moi, à Montmartre, a été mis en vente. Cet endroit est ma cantine. Je décide de l'acheter. Ce n'est pas un coup de tête. Je rêve depuis longtemps d'un lieu à moi où je puisse recevoir mes amis, un lieu qui me ressemble, où je pourrais glisser un peu de mon univers pour le faire partager. Je ne veux pas faire de la Divette du Moulin un endroit branché et inaccessible tenu par une comédienne. Je tiens à garder le bar et à proposer le café comptoir le moins cher du quartier. Très vite, la sauce prend. Au petit-déjeuner, les mamans s'y retrouvent devant un crème après avoir déposé les enfants à l'école, tandis que les pochetrons sirotent leur café calva à côté du médecin du coin qui avale un petit noir bien serré. J'ai rêvé de créer un lieu de rencontre, de mixité, et ça marche. Parmi les habitués qui deviennent des amis, il y a Didier Bourdon, fidèle et discret, la magnifique Anouk Aimée, élégante et douce, et qui me rappelle tant ma mère,

Guillaume Depardieu, un être magnétique d'une extrême sensibilité. Il me fait répéter mes pièces, il joue du piano merveilleusement. Sa présence exceptionnelle, son intelligence, sa générosité sans faille me marqueront à tout jamais. Il était là, intensément présent dans l'instant.

À cette époque, ma vie est une fête permanente, une ronde folle qui me fait courir du théâtre au restaurant, sans arrêt, sans cesse sollicitée, occupée, concentrée, débordée. Je remplace au débotté les serveuses malades, je construis la carte avec le cuistot, je me démène dans mon huis-clos. Je me débats contre toutes sortes de pièges que je découvre avec stupeur, me croyant parfois dans un mauvais polar ; la mafia de la place du Tertre veut me faire payer pour obtenir sa protection. Des prétendus gourous défilent en proposant leurs services avec une inquiétante insistance : ils se targuent d'avoir une influence sur mon chiffre d'affaires et me proposent leurs services pour l'accroître. Lorsque je les fiche dehors, ils s'en vont sur de sombres prédictions. La police n'est pas en reste : dès les premiers jours, les flics débarquent et cherchent la petite bête, comptant par exemple le nombre de bouteilles non alcoolisées exposées derrière le bar, allant jusqu'à vérifier leur date de péremption. Ils traquent la faute, l'oubli, la moindre irrégularité. Je rage en silence et règle les amendes avant de finir par comprendre ce qu'ils veulent : prendre leur repas à l'œil. Mais je ne céderai jamais à ce chantage.

Ce sont des années riches en émotions, en moments magiques, en fêtes mirobolantes, en nuits blanches et en rencontres improbables. Je me souviens de Jean-Claude, mon ami le clochard qui se parfumait au Wizzard dans les toilettes, de Gérard Depardieu qui débarqua dans les premiers jours de l'ouverture pour me souhaiter bonne chance et me recommander de veiller à ce que sa fille ne reparte pas en moto s'il était trop tard, de la chanson qu'avait inventée Didier Bourdon : « Mais qu'est-ce qui qui, qu'est-ce qui s'passe à la Didi ? » En effet, il se passait tous les jours quelque chose à la Divette, et c'était bien…

La chaleur de mes amis du quartier m'a souvent manqué depuis. Mais je ne pourrais jamais me replonger dans un univers aussi survolté. C'était une belle aventure, un autre temps, une autre vie. Aujourd'hui je réalise que, de façon presque prémonitoire, j'avais pensé toute la décoration du restaurant en bois, comme sur un bateau. Le plafond peint par Titouan portait la devise suivante comme un clin d'œil : « Pour aller loin, il faut rester assis. »

Malgré ce grand écart apparent, tout me paraît

d'une profonde cohérence. Mon itinéraire a sa logique et je vis animée de l'idée qu'il faut tendre vers autre chose, se remettre en question, grandir, se dépasser, être en quête, toujours, et tenter d'atteindre l'inaccessible étoile…

5.

Baie de Melville – Île de Devon – Dundas Harbour – Beechey Island – L'*Erebus* et le *Terror*

Nous passons dans le sud de la baie de Melville. Cette partie du parcours est redoutable. Amundsen la considérait comme l'étape la plus difficile et l'année même de son passage, le bateau la *Véga* y sombra broyé et le baleinier la *Balanea* y fut immobilisé pendant quatre-vingts jours.

La baie est partiellement libre de glaces. Nous passons au nord de la banquise qui reste collée à la terre de Baffin. Chaque soir, nous faisons un point sur l'état des glaces, les arrêts potentiels, les routes praticables. Nous pouvons mettre le cap sur le Lancaster en abordant la pointe sud-est de l'île Devon, cap Warrender. Pont Inlet est toujours bouché, nous n'y passerons pas. Il nous faudra attendre que le Peel Sound se dégage suffisamment pour pouvoir entamer notre descente au sud dans les détroits de

Franklin, de James Ross, vers Gjoa Haven. Si c'est trop bloqué, nous emprunterons le Prince Regent Inlet puis le détroit de Bellot pour rejoindre le détroit de Franklin, mais Bellot est difficile d'accès, les courants y sont forts, parfois jusqu'à sept nœuds, et on risque d'y croiser beaucoup de glaces dérivantes.

À bord, nous avons deux pilotes, deux vérins, trois compas. Depuis le début nous utilisons le même pilote. Il y a quelques jours, Philou a voulu passer sur le compas spécialement conçu pour le nord (dans les hautes latitudes, les compas magnétiques deviennent inutilisables près des pôles. Ils subissent les effets d'un manque de directivité horizontale), mais il ne fonctionne pas, Philou n'arrive pas à le calibrer ni à trouver la cause de ce dérèglement. Cela risque de nous obliger à barrer dans les jours à venir. D'autre part, la balise de transmission de position est en panne et le satellite ne capte plus, mais ceci n'est pas très grave. Ces petites avaries sont inévitables. La *Fleur* a bien vieilli depuis notre départ, elle s'est patinée aux sables du désert. L'Afrique lui a donné son âme, le Grand Nord en fait un vrai rafiot de baroudeur, reprisé et rafistolé. Elle est maintenant prête à affronter les glaces.

Je passe le plus de temps possible, la nuit, quand les petites dorment, à me documenter :

cartes, instructions nautiques, je pose beaucoup de questions à Philou car j'essaie d'être le plus précise possible sur le blog, mais il me faut aller à la pêche aux informations, ce qui a le don de m'agacer. Sa nature peu loquace m'oblige véritablement à lui extorquer des renseignements. Ainsi, avant notre arrivée en Nouvelle-Écosse, je l'avais senti très tendu, plus silencieux que jamais. Mais je ne savais pas pourquoi. Ce n'est qu'en voyant son immense soulagement à Halifax que j'ai compris, rétrospectivement, la raison de son inquiétude : il y a très peu de cartes fiables des mers arctiques, et nous en manquions cruellement. Philou espérait les trouver dans une excellente librairie spécialisée d'Halifax, mais il n'en avait soufflé mot. Une fois équipé des sacro-saintes cartes, il s'était enfin détendu.

Je suis de surveillance, tout le monde dort. Nous avons passé le 74e parallèle. Il pleut depuis trois jours. La navigation demande beaucoup de concentration. Jusqu'à Upernavik, nous slalomions entre les icebergs. Je croyais que nous les laisserions derrière nous, mais en vingt-quatre heures, nous en avons encore croisé une vingtaine, ce qui reste considérable. Ils sont isolés et de ce fait encore plus impressionnants, solitaires sur la mer anthracite. Dans la brume, on les repère difficilement.

J'aime toujours autant le rythme des traversées. J'ai besoin d'être en mouvement et d'avancer pour libérer mon esprit de l'action et accéder alors à une autre réflexion, plus inspirée. La marche ou la course me donnent cette fluidité de pensée, les longs trajets en voiture aussi. Et la mer. Il faut que mon corps soit pris pour que mon esprit s'échappe. Quand nous voguons ainsi, je reste de longues heures à regarder la mer. Elle répond à toutes mes questions, secrètement, profondément. Je sens que la vie est là, au cœur de cette vague qui naît et meurt dans un même mouvement, sans faire de bruit. De sa légèreté dépend sa fin, son harmonie. La mer est la matrice.

Un goéland vient se poser sur l'eau.

Philou a encore passé une partie de la nuit à bricoler. Une fuite due à la pluie dans une pièce qui tient la quille avait trempé toutes les bouteilles. Il a réparé ça avec du produit silicone.

J'aperçois un nouvel iceberg au loin, la mer est très sombre, le ciel se décline en une harmonie de gris et s'éclaire à l'horizon, justement à l'endroit où il rencontre cet iceberg cubique qui irradie comme un mirage, une de ses faces restée dans l'ombre ajoutant à l'étrangeté de l'apparition. Du côté de la baie de Melville, de nombreux glaciers situés en bordure de la terre vêlent des icebergs qui se mêlent à ceux produits près de Disko et entraînés jusqu'ici par le courant, créant ainsi une forte concentration de glaces d'eau douce à laquelle s'ajoute la banquise, créée par le gel de l'eau de mer. C'est ce qui rend cette baie si redoutée. Le soleil tente de percer dans ce ciel gris chargé d'altostratus. Un banc de brume épaisse approche à bâbord. Il y a beaucoup de puffins.

Nous prenons des nouvelles des glaces : un bout de banquise s'est détaché et se balade dans le Lancaster, Pont Inlet se débouche lentement. Le Peel Sound se débloque aussi, petit à petit. Nous attendrons quelques jours et sillonnerons dans le Lancaster entre Nanisivik et Resolute en observant l'évolution des glaces avec le vent. À partir de maintenant, il faut s'attendre à croiser des ours et même s'il est vrai qu'à bord la vision d'un de ces plantigrades est attendue avec beaucoup d'impatience, il n'en reste pas moins qu'il convient d'observer une certaine prudence.

Le 31 juillet, la pluie s'arrête enfin. Le soleil est timide dans ce ciel pourtant clair. Il y a peu de vent, nous marchons voile et moteur à six nœuds. Philou vient de me demander de mettre « ce à quoi je tiens » dans un sac étanche. « On ne sait jamais, me dit-il, si on doit quitter le bateau précipitamment. » J'y range mes cassettes en regrettant confusément de ne pouvoir y mettre les enfants. Ce genre de question renvoie à des interrogations très intimes, très profondes. À quoi je tiens vraiment, en fait, c'est vrai? Je regarde autour de moi. Il n'est pas de possession matérielle dont je ne me passerais. Mais surtout, la question du capitaine me rappelle l'existence bien réelle du danger. J'en suis consciente, en théorie, mais on ne peut pas vivre en pensant sans cesse à ce qui nous guette, sinon on ne respire plus. Lorsque je suis, comme l'autre jour au pied de l'iceberg, seule confrontée au péril, les choses sont différentes, je n'engage que moi-même. Mais là, dans les scénarios catastrophes que je commence à élaborer dans ma tête, malgré moi, les enfants tiennent la vedette et j'ai un frisson d'angoisse. Mais le danger n'est pas toujours là où on l'attend, je prends donc mes cassettes et les protège dans un sac étanche, puis je me secoue et me remets au travail.

Face à nous, les somptueux glaciers de l'île de Devon. Nous sommes arrivés dans l'Arctique canadien. Philou et moi sommes très émus d'avoir conduit notre petite famille jusqu'ici. C'était un long chemin pour arriver dans le Grand Nord et caresser enfin notre rêve. Tous ces milles parcourus pour contempler à présent ces terres inconnues où si peu d'âmes ont osé s'aventurer; elles sont chargées de l'histoire de ces explorateurs célèbres. Nous allons pouvoir nous frotter à notre tour à ce décor mirifique, fouler ce sol, respirer cet air, admirer cette nature rayonnante, écouter ce blanc silence. Je regarde mon mari et je sais comme il est heureux aujourd'hui, fatigué par ses longues nuits de veille mais comblé d'être en ces terres où il n'est jamais venu, avec nous dans ce paradis blanc.

Des langues de neige lèchent la mer. Une mouette dort sur l'eau. Nous remarquons qu'à part le Cunningham West glacier, les autres répertoriés sur la carte comme se déversant dans la mer ont du mal à la rejoindre. C'est la marque certaine d'un changement de climat.

Nous rasons les glaciers. À leur contact, l'eau est devenue très claire. Le ciel se dégage doucement. Nous pénétrons dans le fjord de Dundas Harbour. Dans la lumière du soir, la montagne a l'air irréelle, comme drapée de velours, feutrée. L'eau est laiteuse, chargée d'alluvions. Il n'y a pas un bruit dans ce mouillage du bout du monde. Nous avons atteint notre latitude la plus septentrionale. Nous fêtons cela dignement au déjeuner. Au menu, fois gras et confit de canard. Le ciel est clair, à peine quelques cirrostratus. Nous avons gagné une heure sur la pendule. C'est la journée la plus chaude.

Après avoir débarqué dans un calme relatif – nous commençons à nous y faire : nous nous alignons docilement et attendons les ordres du capitaine pour sauter à terre. À la fin du voyage, nous serons sans doute parfaitement au point. – nous partons en balade entre les canyons dans un décor écrasant digne d'un film de Sergio Leone. Une impression de solitude extrême se dégage des lieux. On se sent bien loin de toute civilisation, un parfum de désolation règne ici. Seuls quelques oiseaux nous ramènent à l'idée du vivant. Et ce jour qui n'en finit jamais, étrange, lunaire. Je me prends à rêver d'une table avec des copains, de discussions à n'en plus finir pour ne rien dire ou tout se dire, pour refaire le monde jusqu'à plus d'heure, des yeux qui brillent, des fous rires. Ici, tout est plat, pas de montagnes, juste un immense plateau érodé par les siècles et par cette glace que l'on distingue encore dans les plis de ces longues jupes brunes, souvenir de l'hiver que l'été n'aura su gommer. Nous rencontrons deux gros lièvres blancs que Beti course sans succès et repérons des excréments et des empreintes de caribou.

Nous sillonnons la côte vers l'ouest en attendant des nouvelles de la débâcle. Il y a bien un ou deux brise-glace dans cette région, mais ils ne peuvent rien contre les vieilles glaces, les plus dures.

Le paysage a changé, plus d'altières montagnes, plus de couleurs éclatantes, seulement la terre, stérile, brûlée, nue, en grands plateaux balayés par les vents glacés.

Entre autres vertus, la vie en mer m'aura appris à refréner mes ardeurs. J'ai la fâcheuse habitude de claquer la porte au moindre coup de vent. Je reviens en général bien vite lorsque mon humeur s'est calmée. Ici, peu de portes à claquer, et pas d'échappatoire possible, à moins de se jeter dans une eau à 5 °C, ce qui aurait pour effet de me faire retrouver bien vite la raison. Je me souviens d'une anecdote, arrivée il y a bien longtemps maintenant. Avec mon compagnon d'alors, nous dormions sur un bateau dans une île des Antilles. Nous nous étions disputés après un dîner à terre et, sur un coup de tête, j'avais décidé de le quitter. J'avais attendu qu'il s'endorme pour sauter dans l'annexe, ma valise à la main, toujours en robe du soir. J'avais démarré le canot sans difficulté et je fonçais dans la nuit, enivrée, le vent soufflant dans mes cheveux, quand le moteur avait commencé à toussoter, avant de s'arrêter complètement. J'eus beau m'évertuer à le remettre en route, tirer avec passion sur le démarreur une dizaine de fois, je ne réussis qu'à le noyer et l'annexe partit à la dérive sous un ciel étoilé.

Je fus secourue par un bateau au mouillage à quelques milles de là qui me remorqua, honteuse et calmée pour de bon. Longtemps, l'image absurde de cette jeune fille en robe longue dérivant dans une barque vers Panama est revenue hanter mes nuits.

La vie en mer apprend aussi à être économe : on utilise l'eau avec parcimonie, que ce soit pour se laver ou faire la vaisselle, on gère les stocks de nourriture au plus près, l'abus et le gaspillage ne sont pas au programme et on s'en porte mieux. Tout est calculé, pensé. On fait avec le strict minimum. Il n'est pas question d'avoir des vêtements qui ne servent à rien. J'ai dû changer mes habitudes vestimentaires et laisser les neuf dixièmes de mes penderies à terre pour n'emporter que l'essentiel, qui me suffit finalement largement. J'en ai même encore trop. Pendant les deux années qui ont précédé notre départ, Philou avait prévu sur les plans du bateau un dressing pour moi, ce qui faisait rigoler tout le monde. Mon dressing a diminué comme peau de chagrin à mesure de l'avancement des travaux mais c'est quand même moi qui ai le plus grand rangement du bord...

La mer enseigne aussi l'adresse, et encore une fois l'économie, mais cette fois, de gestes. On appréhende autrement l'espace et on finit par pouvoir marcher les yeux fermés. J'ai appris à cuisiner à la gîte, et nous savons tous manger sans lâcher notre verre, notre assiette, et nos couverts. Mais lorsque la mer est grosse, avec des petits, les repas sont parfois franchement comiques. Lors d'une navigation, l'alimentation est très importante, aussi bien pour le physique que pour le moral. J'élabore les menus avec soin afin de privilégier la variété et de faire plaisir à chacun. Nous avons à bord beaucoup de conserves, souvent délicieuses (spécialement préparées par Fleury Michon, le partenaire historique de Philou, qui est aussi dans l'aventure), mais nous achetons dès que nous le pouvons des produits frais. Amundsen raconte que lors de ses expéditions aux pôles, malgré l'extrême dureté de ses conditions de vie, il avait pris dix kilos, son alimentation étant constituée exclusivement de graisses animales (graisse de phoque et viande d'ours). Aujourd'hui, dans le moindre des petits villages que nous avons traversés, on trouve de tout, même des fraises (bien qu'à des prix prohibitifs). La vue de ces barquettes, de leur couleur si improbable et si fraîche, me rappelle en arrière. Sur le tournage de *La Vieille qui marchait dans la mer*, dans lequel je jouais, j'avais rencontré Jeanne Moreau, et la grande dame à la voix cassée, réputée pour ne pas toujours être tendre, m'avait prise en affection. À la cantine, à midi, elle m'écrasait des fraises dans du roquefort, m'assurant que c'était un mélange exquis. Elle n'avait pas tort.

Lorsque nous le pouvons, nous pêchons aussi, ou achetons aux habitants que nous rencontrons du poisson frais. Nous mangeons beaucoup le midi : entrée, plat, dessert. Aujourd'hui, par exemple : salade de choux aux raisins secs, petit salé aux lentilles et bananes flambées – et plutôt léger le soir : des pâtes ou bien une grosse salade (thon, riz, soja, maïs). Je fais mon pain tous les deux jours. Moi qui n'en avais jamais fait, je découvre que j'adore ça ; c'est très agréable, très sensuel, de pétrir la pâte. J'adore la bonne odeur qui s'empare de la *Fleur* pendant la cuisson. Tout le monde l'apprécie, d'ailleurs, c'est l'odeur rassurante d'un foyer, et elle nous met du baume au cœur.

Que me manque-t-il, en somme ? Presque rien. La possibilité de prendre un bain avec mes bébés, peut-être. Ce sont des moments inoubliables de tendresse, alors que les douches des petites à bord relèvent de l'exploit, même au mouillage. C'est à chaque fois des hurlements, elles gigotent dans tous les sens et ce n'est pas une partie de plaisir. C'est sans doute le premier luxe que je m'offrirai à terre.

Les nuits, qui sont des jours, sont douces. Les petites dorment et nous profitons du calme pour lire et, en ce qui me concerne, écrire. Chacun fait son quart avec plaisir. Les lumières sont superbes et nous avons vraiment besoin de ces moments de solitude sans entendre les enfants. Marion se réveille toujours trois fois par nuit, mais je m'y suis faite. Elle a le sommeil plus que léger. Je la rendors grâce à une tétée. Si je la laisse pleurer, elle réveille tout le bateau et, de toute façon, je n'ai jamais été très douée pour laisser pleurer les enfants. J'espère qu'à mon retour en France, il me sera plus facile de la sevrer définitivement.

Les moments les plus décisifs de ma vie ont toujours été marqués par l'arrivée subite d'un panaris, depuis l'enfance. Je n'y coupe pas cette fois non plus, malheureusement. Rien n'arrive par hasard, surtout pas la maladie. Cette inflammation d'un doigt me fait souffrir. J'ai en horreur ce vilain mot : *pa na ris.* La douleur est permanente, je suis gênée dans toutes mes activités : la cuisine, l'écriture, le tournage. Il n'y a rien à faire qu'attendre que ça mûrisse… Je le trempe dans la Javel et y passe de la pommade antibiotique. Je prends ça très au sérieux car on m'a opérée trois fois pour ce même mal. Le précédent remonte à ma dernière grossesse…

L'écriture m'aide chaque jour à gérer les émotions intenses qu'un tel voyage entraîne dans son sillage. J'ai toujours écrit, sauf à l'époque où j'avais mon restaurant et où je n'avais vraiment plus le temps. J'ai l'habitude de cette confrontation avec soi-même. Ces rendez-vous quotidiens avec ma feuille de papier m'empêchent de sombrer dans la sensation de vide qui, dans ces hautes latitudes, s'empare parfois de mon être. Des instants très courts mais fulgurants, peut-être liés à cette nature extrême ou bien à la proximité du pôle, l'axe où tous les chemins convergent et s'engouffrent. Je me sens parfois comme le compas du pilote automatique, un brin désaxée.

Lancaster Sound. Nous avons aperçu quelques phoques. Il y a très peu de vent, donc peu d'évolution dans la débâcle. La fonte des glaces et la météo décident de notre avancement dans le passage. Dans la nuit, nous rencontrons pour la première fois cette glace de mer dérivante, ce pack tant redouté, totalement imprévisible, qui peut nous faire échouer à tout instant. Il s'étend sur l'eau comme un rapace. Nous le contournons.

Nous quittons le fjord Blanley où nous avons mouillé quelques heures. Il y a beaucoup de clapot jusqu'à la pointe puis la mer se calme. Il est minuit. Le ciel est bleu, le soleil brille fort. Nous doublons le dernier glacier, Philou déroule le génois. Nous voguons vers Beechey Island. C'est là que l'*Erebus* et le *Terror*, les deux bateaux de Franklin, pionnier des passages du Nord-Ouest, ont hiverné. Leur tragique histoire est emblématique des difficultés de la découverte du Grand Nord.

En 1845, John Franklin, qui avait déjà fait deux expéditions dans le Grand Nord canadien, se lance dans ce qui sera son ultime voyage. Il embarque cent vingt-neuf hommes à bord de deux navires, l'*Erebus*, qu'il commande lui-même, et le *Terror* emmené par le capitaine Crozier. Ils ont pour projet de découvrir la route qui joint les deux océans. Après maintes aventures, l'expédition est aperçue une dernière fois le 26 juillet par un baleinier dans la baie de Baffin. Ensuite, plus rien. Aucun homme ne reviendra jamais.

Des dizaines d'expéditions furent envoyées à leur recherche dans les années suivantes. On trouva des notes de l'équipage dans un cairn, on récolta quelques témoignages auprès des Inuits et de menus objets ayant appartenu à des membres de l'équipage furent découverts pendant des années sur plus de deux cent cinquante kilomètres à la ronde. Mais on ne retrouva pas les épaves des deux navires. L'histoire fut reconstruite dans ses grandes lignes : les deux bateaux s'étaient trouvés pris dans les glaces. La vie s'organisa à bord en vue d'un hivernage, d'abord dans de bonnes conditions. Mais les choses tournèrent mal. John Franklin décéda de causes inconnues le 11 juin 1847, sans que la débâcle tant attendue les ait jamais libérés. Après deux ans d'hivernage particulièrement rigoureux et mortels pour les hommes d'équipage, le capitaine Crozier qui avait pris le commandement donna l'ordre d'abandonner les navires et de se diriger, à pied sur la banquise, vers le sud. Durant cette marche désespérée qui dura jusqu'au printemps 1850, les hommes allaient mourir les uns après les autres sans trouver de secours.

Plusieurs explications se cumulent pour expliquer la tragédie. Les marins étaient mal équipés. Ils portaient des vêtements de laine et de coton, maigre protection contre les froids polaires, et qui ne sèchent jamais complètement, ainsi que des bottes en cuir totalement inefficaces contre la neige. Des préjugés contre les « indigènes », l'ignorance aussi, les retinrent d'adopter les habitudes vestimentaires des Inuits qu'ils rencontrèrent. Amundsen, près de soixante-dix ans plus tard, raconte comment tous ses coéquipiers et lui-même ont abandonné progressivement leurs vêtements et acquis des fourrures et des bottes inuits. Il déconseille formellement de se vêtir à l'occidentale dans ces régions et s'en remet à la sagesse de ceux qui y survivent malgré la dureté insensée du climat. Par exemple, durant une marche à travers la banquise, il emporte une tente moderne démontable très astucieuse… dans laquelle il passera la nuit la plus terrible sans pouvoir fermer l'œil. Au matin, par – 50 °C, ils repartent, son compagnon et lui, dès l'aube pour se réchauffer. À partir de là, ils apprendront à construire des igloos, technique dans laquelle ils ne passeront jamais maîtres, mais qui leur sauvera la vie. On peut imaginer que les marins errant à travers la banquise n'avaient pas cette ressource. Il semblerait aussi que les équipages aient vu leurs vivres diminuer inexorablement, et que des boîtes de conserve en fer de mauvaise qualité les aient contaminés au plomb. Les cartes de Franklin étaient erronées, des données plus précises lui auraient permis d'éviter de se faire emprisonner par les glaces dans le détroit de Victoria. Le froid terriblement rigoureux, la faim, la soif, le saturnisme et le scorbut, tout se conjugua pour faire périr les explorateurs et leurs équipages.

La peur devait les habiter, alors que les glaces enserraient leurs navires, menaçant à tout instant de faire exploser la soute, alors que les craquements retentissaient, menaçants, que soufflaient sur la banquise ces terribles tempêtes de l'hiver, alors qu'ils grelottaient sous leurs couvertures et qu'ils voyaient baisser leurs réserves de nourriture. Alors qu'ils voyaient la mort approcher.

Sur l'île subsistent les vestiges d'une maison construite lors d'une des expéditions à la recherche de Franklin pour y déposer des vivres, dans le cas où des membres de l'équipage reviendraient sur l'île. Sa femme, Lady Jane Franklin, une vive et jolie aventurière qui avait parcouru à ses côtés l'Australie dans sa jeunesse, ne perdit jamais espoir de savoir ce qu'il s'était passé. Elle fit armer plus de trente expéditions à sa recherche. Elle ne voulut jamais croire les témoignages récoltés parmi les Inuits, qui disaient avoir souvenir d'une quarantaine d'hommes blancs se traînant lamentablement sur la glace : le cannibalisme aurait été pratiqué parmi les survivants. L'un des explorateurs les plus fameux, Mc Clintock, rencontra des Inuits en possession de reliques qui lui confirmèrent que des hommes étaient morts le long de la rivière de Back. Le 24 mai 1858, il trouva un squelette aux alentours du cap Hershell. Sur le chemin du retour, il découvrit deux cadavres dans un canot que les hommes n'avaient pas réussi à traîner jusqu'à la mer libre, avec à l'intérieur de la vaisselle servant peut-être à faire du troc, deux fusils et quelques aliments. Le lieutenant de Mc Clintock, quant à lui, trouva au cap Felix un cairn qui abritait une boîte en fer-blanc dans laquelle se trouvait un parchemin de l'expédition Franklin daté du 28 mai 1847. Le premier texte indiquait que les navires avaient été forcés d'hiverner et que tout allait bien à bord. Un an plus tard, des annotations ajoutées en marge faisaient froid dans le dos : « Les navires de Sa Majesté *Terror* et *Erebus* ont été abandonnés le 22 avril à 5 heures de ce point, étant prisonniers des glaces depuis le 12 septembre 1846. Sir John Franklin est mort le 11 juin 1847 et le total des décès s'élève à ce jour à neuf officiers et quinze hommes. Demain, nous nous mettons en route pour la rivière du Gros-Poisson. » On sait ce qu'il advint.

Une mouette nous survole, elle crie, le vent se lève pour un dernier hommage à ces pionniers de l'exploration polaire.

6.

Resolute – L'assassinat de Francis Hall – Les ours – Hystérie polaire – Le Peel Sound – Pris par les glaces – Adieu Dany

« Qui voit Resolute ne voit pas la fin du monde, mais de Resolute on voit la fin du monde. » Ce dicton local prend toute sa mesure à la vue du village le plus nordique de l'Arctique canadien. Une longue plage de gravier brun, deux ou trois campements inuits, des maisons posées sur des traîneaux en guise de caravanes, sous des nuages de poussière balayée par un vent glacé semblable à une neige légère qui se serait soudain mise à tomber. Nous venons de jeter l'ancre dans la baie, il est 6 heures du matin, les dernières heures de navigation ont été éprouvantes, notre route a été bloquée par un pack épais et dense qui nous a obligés à chercher notre chemin en zigzag à travers la glace. Nous voici enfin arrivés, j'ai hâte que nous puissions souffler un peu.

Malheureusement, le bruit que fait la chaîne en se déroulant résonne atrocement dans la cabine avant, et aussitôt les filles se réveillent, ronchons et fatiguées. Voilà une journée qui promet d'être longue.

Je contemple ce village désolé où des tractopelles, des pelleteuses, des camions, gisent en désordre. Apparemment, on construit à Resolute. Des routes, des terre-pleins ? J'aperçois des citernes de fuel et une piste d'avion, légèrement en retrait, qui complètent le paysage. À l'entrée de la baie, la glace progresse à vue d'œil. Quelques fulmars tournent autour de la *Fleur*.

Sur la plage des peaux de phoque ont été abandonnées. En remontant nous apercevons derrière les maisons-traîneaux, masqué par une petite dune, un rassemblement qui fait office de village avec des maisonnettes colorées construites sur pilotis pour ne pas subir la fonte du permafrost. Environ deux cent cinquante personnes habitent là, si bien cachées que nous ne croisons pas âme qui vive de la journée. Nous nous rendons directement au poste de police pour accomplir les formalités. À l'intérieur sont placardées des affiches indiquant le comportement à adopter en présence des ours qui viennent parfois rôder près des habitations. De là, nous allons à l'hôtel qui sert de base de départ à toutes les expéditions. Le patron nous accueille chaleureusement, nous offre du thé et des gâteaux et nous met la télévision québécoise. Les enfants sont ravis. Après avoir profité de la chaleur de ce lieu incongru et hospitalier, nous regagnons le bord. L'unique rue est absolument déserte, la ville semble avoir été abandonnée.

Nous prenons des nouvelles des glaces auprès du bateau que nous avons croisé à Upernavik, le *Fiona*, qui mouille déjà dans la baie. Selon les dires du capitaine, un pack de vieilles et de jeunes glaces mêlées obstrue le Peel Sound et rend le passage impraticable. Il faudrait attendre une quinzaine de jours la fonte des jeunes glaces pour pouvoir contourner les plus vieilles qui, elles, ne fondront pas. Cette année n'est pas favorable à la débâcle, le passage sera beaucoup plus difficile qu'en 2007 et en 2008. Voilà pour les bonnes nouvelles du jour.

Malgré cela, je n'ai pas envie de rester à Resolute, cette bourgade désolée bourdonne de tristesse et d'ennui et j'ai peur que nous nous y engluions.

Pour l'heure, nous amarrons la *Fleur* à la plage pour que le camion citerne puisse nous ravitailler en fuel. À bord, le moral est bon. Laura fait le ménage, son occupation favorite, Loup et Nina téléchargent des films, Georges fait des réussites sur son ordinateur, Philou s'affaire sur le pont. Une fois le plein fait, nous échouons la

Fleur pour la caréner. Car depuis quelques jours, notre bateau semble plus lourd sur les flots. Avant d'arriver à Resolute, Philou, revêtu de sa combinaison, a plongé pour vérifier l'état de la carène, l'hélice, les anodes. Le côté tribord est sale. Nous passons donc quelques heures sur cette plage mortifère à nettoyer notre coque pour lui rendre sa légèreté.

Je suis par nature d'un tempérament éponge qui reçoit et absorbe les vibrations des lieux et des gens avec force, j'oserais même dire avec clairvoyance. Je marche à l'instinct et ce n'est pas toujours facile, car cela me fait ressentir les choses avec excès. Pourtant, cela me permet de réagir avec rapidité, de ne jamais perdre ma direction, de ne jamais me déconnecter de mes désirs intimes. Mais c'est fatigant. Aujourd'hui, par exemple, je n'arrive pas à retrouver ma joie de vivre. Je trouve qu'il se dégage de ce lieu, et même de ces mers sur lesquelles nous voguons, un sentiment inquiétant, oppressant. Ce décor minéral, mat et figé, semble bourdonner pour l'éternité sous ce jour continu, stérile. Je me demande si la vraie nature de ce pays ne se trouve pas sous la neige, dans le blanc qui le recouvre, l'adoucit, l'enrobe. La toundra aride et brune, violente et chaotique, révélée par l'été, ne me paraît supportable que drapée d'un manteau de neige. Je veux revenir, je veux voir ces paysages recouverts de blanc, je veux entendre ce silence alourdi, contempler ces reliefs adoucis et ces nuits qui tombent, enfin.

Je commence à marquer le coup, je lutte contre la fatigue, je prends l'habitude de vivre dans le léger vertige dû au manque de sommeil. Marion ne dort plus que par tranches de deux heures. Est-ce lié au jour continu, aux dents qui poussent, ou à ma présence perpétuelle près d'elle, je ne sais pas. Elle refuse de manger quoi que ce soit d'autre que du lait maternel, à part du chocolat. Mes nuits en escale sont donc interrompues toutes les deux ou trois heures pour une tétée et j'ai bien du mal à me rendormir. Je profite de ces insomnies pour me documenter. J'ai beau avoir emporté tout Balzac, sous le regard amusé de Philou, je ne lis que Moitessier, Malaurie, Manfred, des livres sur la mer et sur le Grand Nord.

Le pôle semble rendre les hommes un peu fous. La plupart des expéditions ont été marquées par des sournoiseries, des mutineries, des rebellions. Les rapports entre les membres des équipages ont parfois carrément viré au cauchemar, ainsi que l'illustre à la perfection l'histoire de Francis Hall. Ce géant américain, charismatique et plein d'allant, partit en 1870 à la tête du *Polaris* mener une mission d'observation et de conquête du pôle pour le compte des États-Unis. Il avait aussi promis à Lady Franklin, une frêle vieille dame à présent mais toujours aussi obstinée qui était venue jusqu'à New York pour le convaincre, de chercher, au retour, des traces de son époux disparu. Excellent connaisseur de l'Arctique, proche des Eskimos qu'il estimait et avec qui il travaillait en bonne entente, d'une santé physique et mentale redoutable, il avait tout pour réussir. Mais… ce que les hommes décident, les glaces le déjouent, et le *Polaris* fut pris dans la banquise et forcé d'hiverner. L'équipage, mal constitué peut-être, déraisonna bien vite. Le capitaine du bateau, un baleinier fin marin, sombra dans l'alcool, tandis que le jeune médecin du bord, ambitieux géographe, fomentait dans l'ombre de leur folie grandissante des plans pour tirer la gloire à lui. Hall, indifférent à tout cela, sillonnait la banquise avec un équipage inuit, en repérage. Au retour d'une de ces missions de reconnaissance, on lui porta sur le pont un café pour se réchauffer. Aussitôt, il fut saisi d'un vertige, et déclara que le breuvage lui paraissait douceâtre. Il gagna sa cabine en titubant, au plus mal, et le jeune médecin se précipita au chevet du géant broussailleux. Fiévreux, somnolent, presque délirant, Hall voulut refuser ses soins, mais ne fut pas écouté et devint de ce jour la victime impuissante d'injections quotidiennes de « quinine ». Il dépérit. Un matin, il parvint pourtant à se traîner hors de sa chambre et alla trouver les Eskimos du bord : il leur demanda de préparer désormais eux-mêmes sa nourriture. Curieusement, sa santé s'améliora. Recouvrant rapidement ses forces, grâce à son excellente constitution, il toisait le jeune médecin d'un regard haineux, attendant d'être complètement sur pied pour pouvoir se défendre seul. Mais cela ne devait jamais arriver. Hall fit une brusque rechute. Livide, les lèvres mousseuses, il décéda en balbutiant : « *Murder.* » Meurtre.

Les circonstances du décès de Hall ne furent pas creusées immédiatement. Il a fallu attendre un siècle pour qu'on exhume de la banquise son corps congelé et qu'on y découvre des traces de cyanure…

Mon doigt me fait toujours souffrir, il est de plus en plus rouge et a triplé de volume. Il mûrit doucement. On appelle cela un mal blanc…

Après un bon carénage, la *Fleur* est parfaitement propre, nous devrions gagner en vitesse. Nous distinguons très nettement le pack à l'entrée de la baie mais le mouillage reste libre de glace. Des chiens aboient dans le lointain. Partout, depuis le début de notre périple dans le Grand Nord, nous apercevons des meutes de huskies enchaînés dans des champs, qui hurlent à la mort, sans qu'on voie jamais nulle part leurs propriétaires.

J'ai hâte que la situation se débloque. Une dépression devrait s'installer sur la zone et pourrait faire évoluer la position des glaces. Le Nord est une école de patience, alors je tente de me raisonner. Nous avons une semaine d'avance dans la saison par rapport à nos illustres prédécesseurs, comme Willy de Roos ou Roald Amundsen, donc il n'y a pas encore d'urgence. Mais l'incertitude nous rend anxieux et irritables. La vie dans un espace aussi réduit implique beaucoup de rigueur, et ce n'est pas nécessairement notre meilleur atout. Loup renverse presque chaque jour les croquettes et l'eau de Beti, les enfants se débrouillent pour perdre quotidiennement la moitié de leurs affaires, un exploit dans un si petit endroit, et je passe mes journées à chercher leurs moufles, leurs bonnets..., etc. Les prises de bec se multiplient dans la famille, signe certain de la tension grandissante. D'autant que la glace avance chaque jour un peu plus dans la baie, poussée par le vent. Il ne faut surtout pas que nous nous laissions emprisonner ici. Nous nous tenons prêts à lever l'ancre à tout instant.

C'est la première fois depuis six mois que nous sommes contraints de stopper notre progression. Jusqu'ici, à part sur le banc d'Arguin, nous ne nous sommes guère arrêtés plus de deux ou trois jours au même endroit. Nous avons pris l'habitude de ce rythme et cette escale forcée rompt notre dynamique et fait régner à bord un certain stress. Réussirons-nous à passer ? Les glaces sont maîtresses, elles seules en décideront. Le gel qui s'approche est menaçant, ombre blanche obstruant l'horizon. Nous sentons l'eau s'épaissir autour du bateau. Derrière nous, la ville est toujours aussi morne sous ses tourbillons de poussière. Pourvu que la chance soit avec nous ! Pour ce qui est du reste, nous en ferons notre affaire.

Demain, si nous n'avons toujours pas levé l'ancre, je tâcherai de trouver un moyen de détendre l'atmosphère. Les discussions entre Philou et moi, enflammées, sont à l'image de nos différences de caractère. Je suis impulsive, directe et impatiente, alors qu'il prend toujours le temps de la réflexion et pèse chacun de ses actes. Mais ce que nous avons en commun, c'est notre jusqu'au-boutisme. Ainsi, je le pousse à continuer d'avancer, quitte à revenir sur nos pas si nous sommes arrêtés par un pack vraiment impénétrable, mais il me ramène obstinément aux cartes. Pour le convaincre, je lui lis des passages du livre de Willy de Roos, qui n'écouta les conseils de personne et fonça. Philou n'est pas influençable… mais je l'influence quand même et je finis par lui arracher la promesse que si la situation n'évolue pas dans les jours à venir, nous irons sur le terrain nous faire notre propre impression.

Et puis, dans la nuit, les glaces envahissent Resolute.

À 4 heures, alors que nous dormons profondément, un floe vient cogner contre la coque. De l'intérieur, le bruit est assourdissant. Nous nous ruons sur le pont : la baie presque entière est devenue banquise. Des glaçons flottent autour de la *Fleur*. Immédiatement, nous levons l'ancre et filons aussi vite que possible entre les glaces dérivantes. Nous cheminons en lacet, rasant la côte, nous fuyons la banquise, passant de nappe d'eau en nappe d'eau. Mais elles sont de plus en plus petites, de plus en plus éloignées les unes des autres. Jusqu'où pourrons-nous progresser dans ce dédale de goulets ? La brume tombe peu à peu sur ce labyrinthe et finit par boucher complètement l'horizon. De temps à autre, un rude impact se fait sentir sur l'étrave, la *Fleur* encaisse fièrement le choc, elle tremble, se lève puis retombe dans un fracas impressionnant. Il pleut. La brume s'intensifie. La mer est morte et fantomatique.

Nous croisons des heures au milieu de ce pack

disloqué. La pluie est glaciale. Cent fois, un pack trop serré nous oblige à rebrousser chemin, à chercher une autre voie. Philou grimpe au nid-de-pie pour tenter de repérer de l'eau libre. Il lui semble en apercevoir de l'autre côté d'une barrière de glace dense qui nous en interdit malheureusement l'accès. Nous revenons encore une fois sur nos pas, nous tournons dans tous les sens dans ce lacis de glace. Où est la sortie ? Où est la délivrance ? La visibilité est de moins en moins bonne. Les enfants réveillés, sentant notre tension, sont très nerveux, très agités. Je sors sur le pont filmer ce pack qui nous encercle. Je ne peux pas manier la caméra avec des gants et la température avoisine les 0 °C. Mon mal blanc me fait davantage souffrir avec le froid, mon doigt lance douloureusement.

Georges grimpe à son tour au nid-de-pie. Il aperçoit lui aussi de l'eau libre, un peu moins loin. Peut-être qu'en forçant le passage nous y parviendrions ?

À 8 h 30, enfin, le dernier obstacle est franchi. Nous sommes sortis de ce dédale inextricable. Le clapot frétillant se fait à nouveau entendre autour de nous et, comme par enchantement, un rayon de soleil vient nous réchauffer. Je soupire de soulagement.

Mais immédiatement après – en mer il n'y a jamais de répit –, le pilote rend l'âme… Nous sommes en plein milieu du détroit de Barrow qui relie Resolute au Peel Sound, et le brouillard vite retombé nous laisse à peine deviner l'avant du bateau. Des floes se baladent, de la vieille glace bien compacte. Prudence et tension sont de rigueur. Et pourtant, notre moral est au beau fixe : nous sommes de nouveau en mouvement. Sur les ondes passe Renan Luce. Les enfants dansent. Philou, un sourire en coin, veille les glaces à la barre.

Dans l'après-midi, nous sommes par le travers du cap Pressure. Au radar, nous décelons l'écho de l'île Somerset mais un brouillard épais nous empêche de l'apercevoir. Nous décidons de nous engager dans le Peel Sound malgré les avis contraires des gardes-côtes canadiens. La côte est libre de glace, côté est, et bouchée par l'ouest. Nous envisageons de faire un arrêt dans une des îles de la baie Aston. La carte ne nous permet pas d'en distinguer les détails. Nous chercherons un mouillage en naviguant prudemment.

Sur le petit promontoire de l'île où nous relâchons pour la nuit, nous découvrons, émus, un ours blanc solitaire. Il nous regarde un instant d'un air énigmatique, puis, lentement, tourne les talons. Nina, Loup et Laura sont émerveillés par cette apparition. Les ours polaires sont en voie de disparition, je lis dans le récit d'Amundsen qu'il y a un siècle, leur population allait déjà s'amenuisant. Nous sommes heureux de pouvoir montrer à nos enfants les derniers seigneurs de l'Arctique.

Nous mettons pied sur le rivage pour partir en promenade. Philou, prudent comme toujours, a pris des fusées pour effrayer les ours et il ordonne aux enfants de marcher derrière lui. Soudain, pour mon plus grand bonheur, Marion lâche ma main et fait ses premiers pas, les premières enjambées vacillantes de mon bébé sur le fin gravier d'une île du bout du monde. C'est un jour magique.

Le lendemain nous levons l'ancre. Les hauts-fonds rendent la navigation périlleuse et nous avançons à tâtons, au sondeur. La mer est polie comme un miroir. Quelques canards passent nonchalamment, puis un phoque vient pointer son museau luisant et nous accompagne un temps. Il pleut. Nous doublons la pointe Granite.

J'attends avec inquiétude notre prochaine rencontre avec le pack. Le gros banc annoncé dans le Peel Sound est constitué de très vieille glace, la *Fleur* ne pourra le briser. Mais je ne veux pas prêter attention aux mauvais augures. Si nous avions écouté les pilotes des glaces, nous serions encore bloqués à Resolute, comme le *Fiona* que nous avons croisée là-bas et qui, nous venons de l'apprendre, s'est fait drosser à la côte par les glaces.

Nous poursuivons notre avancée dans le Peel Sound. Devant, nous apparaît un nouveau banc de glace. Nous avançons afin d'en savoir un peu plus, de cerner sa densité et son étendue. Lorsque le soleil éclaire cette mer calme couverte de petits glaçons, toute sa surface prend une teinte blanche scintillante, aveuglante ; ce phénomène s'appelle l'*ice blink.* Il nous est donc très difficile d'évaluer l'importance de ce pack. Avec soulagement, nous découvrons qu'il s'agit en fait d'un ensemble de *scattered ice,* des glaces éparses pas trop serrées qui ne devraient pas gêner notre progression pour l'instant.

Je m'améliore dans la connaissance des glaces : leur ancienneté les endurcit, leur provenance induit de grosses différences (glace d'eau douce comme les icebergs et les growlers, d'eau de mer comme la banquise et les floes). Mais toutes, elles sont imprévisibles… et fatales.

Il est 21 heures, les enfants viennent de s'écrouler, sonnés par une longue journée et par la tension des derniers jours. Dans le crépuscule frémissant, je m'interroge. Pourquoi ai-je voulu quitter mes amis, une partie de ma famille, la terre et mon métier pour aller courir l'Arctique ? Quelle folie nous anime pour que nous ayons décidé un jour de partir à l'autre bout du monde, dans ces territoires hostiles, nous confronter aux éléments ? Par goût de l'aventure ? Pour voir les ours polaires ? Pour faire vivre à notre famille une expérience hors du commun ? Pour dépasser nos limites ? Trouver la paix, l'harmonie ? Il y a un peu de tout cela dans ma quête d'absolu. Depuis toujours, je suis à la recherche de quelque chose, de Dieu ou de ce qui lui ressemble. J'ai la volonté farouche d'aller vers l'essentiel, vers l'intérieur, vers l'entier. Ma vie n'a pas toujours été une longue ligne facile, j'ai vécu des événements douloureux, j'ai pris des coups, il m'est arrivé de frôler les abîmes. J'ai exploré du côté de la douleur et des pleurs, j'ai découvert mes couleurs sombres, mes gammes de noir, de gris, de taupe. Mais jamais je n'ai cessé de voir, au bout du tunnel, cette lueur qui m'accompagne depuis toujours.

Aujourd'hui, je veux aller vers la joie, je veux du bleu, du rose, du blanc. Je veux entendre palpiter le monde, je veux approcher les pôles, je veux me gorger du soleil de minuit.

L'impact de ces régions extrêmes sur les hommes qui les traversent ou les habitent est immense. Par exemple, une fois dans l'année, à l'automne, les femmes eskimos sont prises de *piblokto*, l'hystérie polaire. Haletantes, bredouillant de vagues mélopées traditionnelles, des « Ayaya » et des invectives, elles frappent tous ceux qui croisent leur chemin, leur jetant des bouts d'os ou des pierres. Congestionnées, bavant, elles s'enduisent de déjections canines et vont même parfois jusqu'à en manger, elles se dévêtent et grimpent sur des monticules de neige, comme en transe. Une fois épuisées, elles reprennent leur calme pour sombrer dans un sommeil profond. À leur réveil, elles ne se souviennent de rien. Ces scènes de sauvagerie sont inscrites dans les traditions et ne surprennent personne. Les Eskimos diront avec justesse et poésie : « Elle a eu mal à la vie. » Je me reconnais dans ces égarements, cette manière passionnelle, bien peu adaptée à nos sociétés, d'extraire le mal, la souffrance. Ne vaut-il pas mieux que cela sorte une fois pour toutes, même avec violence, qu'un petit peu chaque jour, de manière insidieuse ? Cela va bien au caractère entier, sensible et pur des Inuits. Je suis définitivement très attirée par eux, par leurs rites, leurs coutumes. Leurs légendes me touchent particulièrement. Ils sont à l'écoute de l'invisible, très proches de leurs morts. Pour eux la nature est un livre sacré. Ils sont hypersensoriels, hyperémotifs. D'ailleurs ils saignent du nez facilement, à la moindre émotion.

Nous longeons des chapelets d'îles battues par les vents. Le ciel est d'un très beau gris, la mer d'acier, tachée de quelques floes. Des nappes de brume molles et brunes s'accrochent de-ci de-là à la terre. Nous avons parcouru cent milles depuis Resolute. À la nuit, nous relâchons par six mètres de fond dans une toute petite baie, entre des îlots couverts de cailloux. Les pierres semblent avoir des visages. Le mouillage est excellent, bien abrité, l'ancre accroche dans une belle vase bien collante. Sous la pluie qui ne cesse plus, nous partons en promenade et grimpons, comme à chaque fois, vers le point culminant. Le sol est parsemé de mousse, de lichen et de quelques rares petites fleurs blanches. Ce lichen me fait penser à l'abominable récit par Malaurie des affamés du cap Sabine. Une expédition prise par les glaces en 1884 s'y est laissée dépérir pendant plus de deux cents jours, abandonnée par l'armée. Leur histoire est relatée par le menu sous la plume du capitaine Greely, qui tenait un journal bien que ses forces l'abandonnaient de jour en jour. Les hommes dépecèrent pièce par pièce leur bateau inutilisable pour se chauffer. La haine et la méfiance, des vols et des paranoïas les minèrent. Certains se suicidèrent en se jetant à l'eau pour n'être pas dévorés après leur mort par leurs camarades. À la fin, ils ne se nourrissaient plus que de ce lichen qu'ils arrachaient en rampant, trop faibles pour marcher. Je me secoue pour chasser ces idées sombres. De l'autre côté de l'île, nous trouvons des bois de caribou.

Le lendemain nous levons l'ancre et poursuivons notre descente vers le sud, dans le Peel Sound. Les enfants jouent au Mikado avec Georges tandis que je prépare un gâteau. Cette quiétude familiale me remet en mémoire une scène de mon enfance. Quelques images seulement : sur le pont de bois baigné du soleil du Sénégal, je dispute une partie de petits chevaux avec mon grand-père paternel, sur son voilier, l'*Istranka.* Je me souviens que dans ma famille, on disait de lui qu'il n'était heureux que sur son bateau. Il m'a transmis ses deux amours : la mer et le cinéma. Je me sens bien proche de lui. Ce grand-père maternel, que je n'aurai pas connu longtemps, était un aventurier, un homme d'affaires avisé, un passionné de cinéma et un marin du dimanche. Il ressemblait étonnamment à John Wayne. Il avait commencé sa carrière au volant d'un camion avec lequel il parcourait la brousse sénégalaise, organisant des projections dans des petits villages dont les habitants n'avaient pour la plupart jamais vu de film. De là, son affaire se développa et il se trouva à la tête du plus gros réseau de distribution et de salles de cinéma du Sénégal. Ma mère est née à Dakar. De la fenêtre de sa chambre, elle voyait l'écran tremblotant installé sous la véranda dans la nuit pleine de moustiques et elle grandissait au son des répliques cultes du septième art. Puis mon grand-père se lança dans la production avec l'aide de mon père à qui il inocula le virus et racheta même les fameux studios de Boulogne. Le cinéma coule dans mes veines, à travers l'histoire de ma famille comme par la mienne propre. Il est mon oxygène. Je me sens comédienne jusqu'au bout des ongles, même lorsque je ne travaille pas pendant longtemps, et je le serai toute ma vie. Je rêve ma vie sur grand écran. J'y joue des rôles variés, patronne de restaurant, femme de marin ou femme d'affaires, productrice, épouse, maman... Je suis toutes ces femmes et le fil invisible tendu entre elles est la comédienne. J'aime passer de l'une à l'autre, enfiler leur costume comme pour un rôle. J'aime jouer des apparences, passer de la panoplie du marin à celle de la femme fatale. Cela n'enlève rien à mon implication, mais cela introduit du jeu, de la malice dans la gravité de l'existence. Ce filtre m'empêche de prendre les choses trop au sérieux, il met de l'humour en toute chose. Au fond de moi, il y a toujours cette petite fille espiègle qui sait que rien n'a d'importance, à part aimer, et rêver.

J'avais treize ans quand j'ai tourné mon premier film, *À mort l'arbitre*. C'est Jean-Pierre Mocky qui m'avait repérée au cours Simon. Ensuite, j'ai enchaîné les tournages en France, à l'étranger, des grands films et des moins bons. Je suis allée jusqu'à Hollywood, après avoir tenu le rôle féminin principal dans *Company Business* aux côtés de Gene Hackman. Jeune première de vingt-quatre ans, mon agent m'organisait des rendez-vous au bord de la piscine, ainsi que le voulait l'usage, sous le soleil de la Californie. Je passais mes soirées avec Joe Cocker, juchée sur un tabouret du bar. Nous logions dans le même hôtel. Il avait arrêté de boire et restait toute la nuit au comptoir à écluser du jus de tomate. Il me faisait rire en se moquant de la reprise de Brel par Nina Simone, qu'il imitait avec beaucoup d'humour : « Ne me cuite pas... » J'étais invitée partout, je passais de fête en fête, j'y croisais Silvester Stallone, David Bowie, James Woods, Sean Penn. J'avais le meilleur agent et je faisais des essais tous les jours. Mais au bout de trois mois, je me sentais profondément seule et perdue dans cette jungle hollywoodienne. Je n'aimais pas cet univers, trop brillant, trop doré. Ma mère me manquait, Paris me manquait. Les fastes d'Hollywood ne pouvaient pas combler la perte de mes repères et voir mon visage affiché en grand sur Sunset Boulevard ne me séduisait pas assez pour que je me coule dans cette vie faussement facile. J'ai filé vers de nouvelles aventures, sans regrets.

Nous longeons des trains de glaces perméables. Soudain, sur Somerset Island, Philou repère un point blanc sur la côte, un ours. On approche doucement. L'animal descend, majestueux, jusqu'à la mer, y plonge pour en ressortir quelques minutes après. Il s'ébroue lentement puis repart, solitaire et puissant, sans nous avoir gratifiés d'un regard. C'est magnifique, la force tranquille, le magnétisme et la solitude intense qui se dégagent de lui. Il réapparaît, se dirige vers l'eau, nage quelques mètres, puis ressort et nous observe, cette fois attentivement. Nous restons absolument silencieux. Il a l'air un peu triste, il trottine puis ralentit et finit par disparaître définitivement derrière la colline.

Je regagne le carré, encore bouleversée. Il y flotte une drôle d'odeur : j'ai laissé brûler mon pain.

Le 10 août, à 3 heures du matin, dans la cabine à l'avant, j'entends le souffle fort et glacé du vent. Ici le silence est habité. Je ressens ce vent comme une présence, je perçois son énergie, son mouvement, sa résonance, sa vibration intime. Il vient de loin, des profondeurs du septentrion. Respiration venue des entrailles de la terre, rumeur des ténèbres. Murmure des anges. Dans le ciel, la lune est là, à demi pleine, diaphane dans cette lumière de l'aube, souriante. Sa présence me rassure, elle amène la vie dans cet archipel de la mort. Cela faisait bien longtemps qu'elle n'avait pas pointé le bout de son nez. Le vent siffle de plus belle, c'est un vent d'est. La mer aussi a l'air joyeuse, bien vivante, elle ondule, frétille, et cliquette gentiment sur la coque. Derrière la colline, le ciel est rose orangé, des tonalités que je n'avais jamais vues auparavant tant elles sont lumineuses, un banc de brume vient s'y noyer. De temps à autre on entend un fracas, le frémissement de la banquise, quelques floes qui s'entrechoquent, à moins que ce ne soit un ours qui joue à la pétanque. Je vais sur le pont pour écouter ce silence qui est une rumeur ; on y entend comme des ultrasons, des chuchotements, un murmure aigu qui vibre, se calme, repart de plus belle. Les dieux du Grand Nord éclaboussent le monde assoupi d'un souffle de vie ravageur. Pourvu qu'ils ouvrent la glace et que nous puissions nous frayer un passage, sans trop de peine.

De retour dans ma cabine, je n'arrive pas à me rendormir. L'alarme du sondeur retentit, le bateau a dû bouger. Ce son aigu, chaque fois que je l'entends, me rappelle la stridence des couveuses du service de grande prématurité de la maternité Port-Royal qui ont scandé des semaines de mon existence, il y a neuf ans. Mon petit Loup s'est pointé au monde sans prévenir, bien en avance, déjouant tous les pronostics. Par une nuit d'hiver, alors qu'une tempête soufflait sur Paris et que le vent faisait trembler mes carreaux, une douleur d'une violence extrême m'avait soudain pliée en deux. J'étais enceinte de sept mois, Titouan était en voyage, j'étais seule à la maison. Haletante, presque incapable de me relever, j'avais composé le numéro de mon père. Il me conduisit en urgence à l'hôpital, où l'on décela un hématome rétroplacentaire. J'accouchai au lever du jour de la Saint-Valentin, étonnée que l'on pût souffrir autant et l'oublier si vite, abasourdie de bonheur à la vue de mon si petit garçon, et déchirée de ne pouvoir le serrer dans mes bras.

Loup fut placé en couveuse, et la longue épreuve commença : les journées entières dans ces salles vibrantes d'angoisse, de tendresse, de chuchotements, et de bruits médicaux, à faire du peau-à-peau sur une chaise à bascule pour donner à mon fils le courage de résister, le goût de tenter la vie. Chaque soir, le déchirement quand il fallait partir, le laisser pour la nuit. Je regardais laquelle des infirmières serait de garde, et je pouvais alors deviner s'il ferait ou non une bradycardie dans la nuit : les femmes douces le lui évitaient, les autres non. La fragilité des grands prématurés est telle qu'ils ne s'accrochent qu'à cela, une caresse, la bonté d'une voix, une main dans leur berceau.

Le premier jour où je dus le laisser, je rentrai, hagarde, à Montmartre et j'allai droit chez moi, c'est-à-dire à la Divette, mon restaurant. J'étais livide, épuisée, et j'avais laissé la moitié de moi-même là-bas, dans la vaste pouponnière plongée dans la pénombre. Ce jour-là, à la table n° 1, il y avait Claude Lelouch que je ne connaissais pas encore. J'allai le saluer. Il me regarda dans les yeux, longuement. J'étais en miettes, dévorée d'inquiétude, je tentais de donner le change. Pourtant, il me dit gentiment : « Géraldine, je sais qu'il va vous arriver de grandes et belles choses. »

Cela me toucha, parce que j'avais besoin de réconfort. Et une bonne partie de ces choses me vinrent d'ailleurs de lui : en plus du cinéthéâtre dont il me confia la destinée, je tournai plusieurs films avec lui. Lelouch est une des grandes rencontres qu'il m'a été donné de faire.

Loup s'en tira, comme un chef. Il grandit, actif et malin, plus fort encore peut-être d'avoir commencé la vie sous le sceau de l'épreuve. Et ces moments ont beau avoir été parmi les plus durs de ma vie, j'y pense avec un sourire en m'endormant.

Philou hisse la trinquette. Nous slalomons entre des *scattered ice.* La bordure des floes est d'un bleu incandescent, d'une pureté extrême, d'une luminosité rare, un bleu comme je n'en ai jamais vu, le bleu polaire translucide et fluorescent.

Nous approchons du pôle magnétique. Pour l'instant, nous progressons tranquillement dans ce Peel Sound et, contrairement à ce qu'annonce la carte du jour qui indique la présence de vieilles glaces, nous ne rencontrons que des plaques de glace éparses qui ne gênent pas notre avancée. Le pilote ne marche toujours pas, il faut barrer manuellement depuis quelques jours, ce qui est éprouvant et demande une grande attention, d'où notre fatigue nerveuse.

Nous longeons désormais la péninsule de Boothia. Devant nous, sous un chapeau de brume, l'île Pemmican, du nom de la nourriture qu'emportaient les explorateurs pour leurs chiens. Le pemmican est constitué de graisse animale, de viande séchée et réduite en poudre, ainsi que de petits fruits. En mélangeant ces ingrédients, on obtient une espèce de pain, ou un pâté, qui a la qualité de ne pas moisir. Il peut se conserver des dizaines d'années, même plus. En doublant l'île, je repense à Amundsen, encore lui, qui dut se débarrasser de kilos de pemmican quand il talonna dans des hauts-fonds et eut désespérément besoin de s'alléger pour se dégager. Philou hisse le génois. Nous filons bon train à huit nœuds, il fait 2 °C, l'air est sec. Dans le détroit de Bellot complètement bouché, le pack est bien visible. À tribord, il y a toujours le même banc de glace. Le paysage est radieux. Les cartes indiquent un haut-fond à quatre mètres. Philou fait un point et décide de le laisser à bâbord.

Entre Coutts et Gibson Island, nous naviguons entre de gros floes, dans une lumière étonnamment belle. Je grimpe sur le roof et commence à filmer les glaces scintillantes quand je suis soudainement projetée vers l'avant, sous l'impact d'un choc. La secousse est violente, je manque d'en lâcher la caméra. Il n'y a pourtant pas de glace devant. Philou, extrêmement tendu, relève immédiatement la quille : nous venons de talonner brutalement sur un haut fond. Dans la timonerie, le sondeur indique 1,4 mètre. Nous sommes échoués.

Philou tente de reculer, de faire pivoter le bateau, mais rien ne bouge. Il envoie Georges se poster à l'étrave, VHF en main, pour lui donner ses instructions. Mais rien n'y fait, nous n'arrivons pas à nous dégager de ce rocher. Philou fait tourner le moteur à plein régime, le propulseur brasse l'eau sans que nous avancions d'un mètre. Et puis soudain, après quinze bonnes minutes d'angoisse durant lesquelles même les enfants n'osent parler, la *Fleur* se dégage dans un sursaut. Mais quelques mètres plus loin, nous touchons à nouveau, plus violemment encore.

À cet instant précis, le doute s'empare de moi. Est-ce vraiment la fin de l'aventure ? Avons-nous échoué, au propre aussi bien qu'au figuré ? Notre bateau va-t-il être bloqué comme tant d'autres qui ont emprunté cette route avant nous ? Des larmes de rage me montent aux yeux. Partout, tout autour de nous, des hauts-fonds insoupçonnables nous guettent sous de grosses plaques de glaces dérivantes. Philou croise mon regard à cet instant de grande tension, et je perçois son extrême anxiété. Cela me donne un coup de fouet, j'affiche ma confiance. Et lorsque le dernier coup de talon nous dégage, je respire à nouveau.

Nous continuons notre avancée, lentement, à tâtons. Philou est terriblement concentré sur la navigation. Je me consacre à la caméra, et aux enfants, que la tension a comme électrisés, et nous retenons notre souffle, nos yeux à tous rivés sur le sondeur : 4 mètres, 6 mètres, 8 mètres, 10 mètres, 18 mètres… Nous voilà revenus en eaux profondes, plus de risque d'échouage pour aujourd'hui. Alors, heureuse et soulagée, je lève les yeux et regarde au-dehors : la mer est invisible, presque entièrement couverte de glaces dérivantes. Les difficultés ne font que commencer.

Les passages sont très serrés entre ces *drift ice* (glaces dérivantes). Ici, la mort est présente un peu partout. Dans ce paysage désolé, aride, inhospitalier, tant d'hommes ont perdu la vie, attirés par l'aventure, l'extrême, le bonheur de la découverte, le patriotisme aussi, qui jouait son rôle dans les motivations de ces expéditions. Leurs fantômes hantent encore ces eaux lugubres.

Cet environnement extrême, le plus extrême que l'homme puisse endurer, a engendré le peuple eskimo qui, derrière sa diversité (nombreuses tribus, nombreuses langues, différentes origines aussi), fait preuve d'une même sensibilité exacerbée, d'une même proximité avec la mort. Les Eskimos la respectent davantage qu'ils ne la craignent, elle est la compagne du quotidien.

Le risque est devenu si tangible que je fais un nouveau tour des stocks de nourriture. Avons-nous vraiment tout prévu pour un hivernage ? Si la glace ne nous laisse pas passer, nous serons condamnés à rester isolés une année. Notre départ précipité de Resolute nous a empêchés de faire nos derniers achats, en particulier des produits frais, et nous allons donc commencer rapidement à entamer nos provisions non périssables. Aurons-nous de quoi tenir un long hiver ?

Devant notre resserre, je m'interroge, le cœur serré.

Dans le Shortland Channel, le pack se referme à nouveau, et nous immobilise. Cette fois, c'est moi qui grimpe au nid-de-pie. La vision est impressionnante. C'est comme si notre bateau était posé sur une immense patinoire s'étendant à perte de vue et qu'un coup de marteau aurait fendillée intégralement. Laquelle de ces fissures nous conduira jusqu'au bout de la route ? Impossible de le deviner. Au bout du pack, je peux apercevoir une nappe d'eau libre. Un petit chenal parsemé de glaces et longeant la terre de très près semble y mener. La manœuvre est dangereuse, car le vent souffle fort, il ne faudrait pas que nous nous fassions drosser à la côte. De plus, le chenal est si mince que je ne suis pas certaine que nous puissions nous y faufiler jusqu'au bout. Mais c'est la seule solution.

Nous nous y engageons, passant de petite clairière en petite clairière, nous frayant un passage. Armés de longues gaffes, Georges et moi repoussons doucement les glaces tandis que Philou garde les yeux rivés au sondeur. Après une heure de cheminement à travers les chenaux, avec la crainte de se faire pincer qui ne nous lâche pas, nous finissons par atteindre l'eau libre. Pas pour longtemps. De nouveau la glace nous tient prisonniers de son étreinte angoissante. Il y a beaucoup de courant. À chaque obstacle franchi, il ramène d'autres floes qui nous enferment de nouveau. La *Fleur* se faufile, se cabre puis retombe lourdement. Les impacts sont forts, les secousses de plus en plus violentes. Les petites sont réveillées par le bruit impressionnant de la glace sur la coque. La crainte de se faire drosser nous tenaille, les cailloux sont proches. Le sondeur indique dix mètres. Un floe plus gros que les autres nous barre l'étroit chenal. Philou opère une manœuvre délicate : il accélère puis recule, tout doucement et la glace poussée par le courant est chassée vers l'arrière en cognant contre les flancs de la *Fleur*. Nous poursuivons notre slalom en godilles.

Après des heures de lutte, nous retrouvons enfin la mer libre, mais nous ne pouvons pas laisser éclater notre joie, car, un peu plus loin, une nouvelle barrière de glace nous attend. Épuisés physiquement et nerveusement, nous décidons de relâcher à Hartene Point à la sortie du Shortland Channel.

À 1 h 30, je suis réveillée par un choc. Le cauchemar continue. Je me dégage doucement de Marion qui dort en travers de moi et monte sur le pont jeter un coup d'œil. La glace est poussée par le courant de la marée montante, elle rentre dans la baie, la *Fleur* est encerclée. Je réveille Philou qui s'est assoupi dans une bannette à l'arrière pour être au calme, sans être dérangé par les filles. Les yeux gonflés de sommeil, il se précipite là-haut et découvre que la chaîne est bloquée par la glace. Il la file pour la dégager et lance le moteur, écartant le bateau pour laisser passer le plus gros floe. Le raffut que produit l'ancre dans la cabine à l'avant réveille immédiatement les petites qui se mettent à pleurer.

On finit par se dégager. Nous nous infiltrons à l'intérieur de la Lady Murchison Bay, déjà pas mal prise par la glace, en espérant qu'il ne s'agisse que d'un phénomène de marée et non de vent. Pour l'instant les glaces avancent vers nous par-devant comme par-derrière, nous coupant la retraite.

À 5 heures, nous tentons une percée dans ce pack épais, sans l'ombre d'une fissure. Puis nous revenons sur nos pas. Il n'y a rien à faire qu'attendre le renversement de la marée, et espérer que la situation se débloque.

Trois heures plus tard, il faut nous rendre à l'évidence : nous sommes bel et bien arrêtés. Nous sommes dans une nappe d'eau libre, une polynie, encerclée par un pack impénétrable, dans le détroit de Franklin, au sud des îles de Tasmanie. Le choc des floes contre la coque résonne fort dans le bateau. La brume tombe sur la baie, obstruant l'horizon. Il pleut.

Plus tard dans la matinée, le vent du nord a l'air de jouer en notre faveur et nous décidons de tenter une nouvelle percée. La brume est dense. Nous marquons notre parcours au traceur, pour le cas où il nous faudrait faire machine arrière. Et c'est ce que nous sommes contraints de faire quelques mètres plus loin. S'engager dans la banquise avec une telle brume serait pure folie.

Dans l'après-midi, à notre grand soulagement, la situation s'améliore grâce à un vent très fort et, la brume se dissipant, nous repérons un chenal d'eau libre à travers la banquise. Nous embouquons le Larsen Sound. Georges et moi nous relayons au nid-de-pie pour guider Philou. Le vent violent souffle en longues rafales glacées. Vu d'en haut, je peux facilement repérer le tracé de la *Fleur.* La banquise se desserre peu à peu. Près du littoral, certains floes sont aussi gros que des icebergs.

Ce n'est pas un combat que nous disputons avec la glace car il n'y aurait qu'un vainqueur, c'est plutôt une partie d'échecs : il nous faut l'observer, l'écouter, l'appréhender, la deviner, anticiper ses moindres mouvements tout en tenant compte des marées, du courant et du vent.

C'est dans ce blanc, cette brume, dans ce bateau secoué par les chocs hargneux de la glace, que j'apprends le décès de ma meilleure amie, Dany Fauconnier. Entourée des miens, sous le regard tendre et complice de Philou, j'ai du mal à laisser libre cours à la sensation de perte, immense, que je viens de subir. À Dany, je dois certains des plus grands bonheurs de mon existence. Cette femme formidable, sensible et généreuse, m'a fait découvrir la mer et les marins. Je l'ai rencontrée par hasard, à l'âge de vingt ans, avec mon fiancé de l'époque, le comédien Jacques Penot. Nous étions aux Antilles et avions été invités à monter sur un bateau amarré là, le célèbre *Vendredi 13*. C'était un voilier trois-mâts conçu par Jean-Yves Terlain pour la Transat anglaise, l'OSTAR. Claude Lelouch, que je ne connaissais évidemment pas encore, l'avait fait armer pour faire un film dans la foulée de la course. On disait ce bateau impossible à manœuvrer par un seul homme, tant il était grand. Effectivement, Terlain rencontra des problèmes de gréement durant la course et n'arriva que deuxième derrière Alain Colas… La préparation du film fut abandonnée et le bateau, dès lors consacré à la navigation de plaisance aux Antilles, fut confié à Yvon Fauconnier et à sa femme, l'intense Dany.

Entre Dany et moi, l'amitié fut directe, évidente et totale. Elle m'embringua dans son univers, me présenta Florence Arthaud (grâce à qui je rencontrerais Philou) et tant d'autres.

Quelques années plus tard, Jacques et moi nous séparions et je vins me faire consoler chez Dany. À l'époque, les Fauconnier habitaient sur une péniche près de Bagatelle. Dany m'écouta en souriant, puis me dit, rieuse : « Eh bien, tout ça va quand même faire un heureux… » L'heureux en question, c'était Titouan, qu'elle s'empressa de me présenter et avec qui je passerai ensuite plusieurs années belles et violentes, absolument passionnelles, dont je ne regrette pas un instant car Loup, pour mon plus grand bonheur, en est le fruit.

Pour Titouan aussi, les Fauconnier étaient d'une importance toute particulière, et Dany était comme sa mère. C'est eux qui avaient fait de lui un marin. Ils l'avaient rencontré à Sainte-Lucie, alors qu'il dessinait sur les ports, fraîchement diplômé des Beaux-Arts. Ils l'avaient embarqué à leur bord et lui avaient tout appris, toujours sur le *Vendredi 13*. Et comme un code secret qui organise ma vie, c'est un vendredi 13 que je me suis mariée avec Philou. Il me semble que c'est là le cercle de ma destinée, sa ronde impénétrable et troublante, le sens caché de mon histoire : le *Vendredi 13*, Dany s'éteint un 13, Claude Lelouch qui marque ma vie de plusieurs étapes, la mer, l'amour et l'amitié qui se lient, les aspects si disparates de ma trajectoire pourtant reliés les uns aux autres, la cohérence au-delà du chaos.

Le soleil s'est levé soudain sur la banquise, le ciel est d'un bleu éclatant. Je suis submergée par ces souvenirs qui me reviennent en désordre, des bons moments, des moments forts, des discussions à n'en plus finir sur la péniche. Je mesure le temps qui passe. Les séquences s'enchevêtrent dans mon esprit, sans ordre ni logique, et cette seule pensée, lancinante, battant comme une veine à ma tempe, émerge doucement : ma copine est partie. Je ne pourrai pas lui raconter mon beau voyage, je ne pourrai pas lui faire partager mon aventure, à elle qui a tant navigué. Je ne pourrai pas la faire rire de nos déboires, frémir des dangers qui nous guettaient. Je ne verrai plus ses yeux tendres et malicieux, je n'entendrai plus son rire rauque, son enthousiasme débordant ne me portera plus. J'ai perdu mon amie.

7.

À travers le pack – La longue dérive du *Fram* – La *Fleur* prise dans les glaces

Un vent d'est-nord-est disloque le pack, nous ouvrant un passage le long de la côte et nous avons parcouru soixante milles dans la journée sans grandes difficultés. Aucun de nous (les adultes) n'a quasiment fermé l'œil ces trente dernières heures, mais la tension nous porte, l'adrénaline nous maintient éveillés. Philou ne quitte pas la barre, tout son être concentré, et c'est comme s'il n'entendait réellement rien de ce qui se passe à bord, tant son attention est portée dans la même direction, vers la glace. C'est presque mystique d'arriver à faire aussi totalement abstraction des contingences matérielles. Mais je n'aurais pas le loisir de tenter l'expérience, car les enfants me réclament au contraire d'être là, et vraiment là avec eux. Nul n'est plus doué qu'un enfant pour percevoir la distraction, même infime, de ceux qui l'entourent. Et nul n'est aussi exigeant sur la qualité de l'attention qu'on lui porte. Les enfants ne transigent pas, et sommeil ou pas, glaces qui se referment et spectre de l'hivernage ou pas, il faut veiller sur eux, organiser leur temps, leur trouver des activités dans l'espace réduit de la timonerie, et régler les mille et un conflits qui émaillent leur journée. Les jalousies entre frères et sœurs peuvent être violentes, et la réussite de la vie familiale, peut-être plus encore dans une famille recomposée, implique un engagement total.

Cet après-midi, nous faisons donc une petite pause pour que les enfants puissent poser le pied et marcher sur la banquise. Ils sont ravis. Nous en profitons pour faire quelques photos et nous devenons soudain une famille en vacances. Certes, en guise de mer, nous avons l'Arctique et, en guise de plage, la banquise sur laquelle Betti galope en aboyant. J'attrape la main de Philou : en plus d'être un couple, nous sommes une équipe, un tandem efficace. Je sais à quel point c'est important pour lui, le navigateur solitaire, habitué à ne compter que sur lui-même, d'avoir pu se reposer sur moi. Quand la tension se fait vive, nos discussions sont parfois houleuses et emportées, mais elles nous font avancer dans le bon sens. Ces derniers jours m'ont prouvé ce dont j'avais l'intuition depuis le premier instant de notre union : nous sommes complémentaires, notre rencontre nous porte vers l'avant. Je m'emporte, il me tempère ; il doute, je le stimule. Lorsque je l'ai rencontré, j'ai tout de suite été séduite par sa grande force de caractère, par son doux mélange de sérieux et de folie. On ne peut le réduire à aucune case. Il est acharné, perfectionniste et minutieux. Ni l'un ni l'autre nous ne sommes jamais fatigués. Le travail et les difficultés ne nous font pas peur. Nous nous sommes vraiment trouvés.

Les conditions météo sont excellentes, nous en profitons pour avancer. Nous avons déjà parcouru trois cents milles depuis Resolute. Nous sommes dans le Larsen Sound et dans cinquante milles nous devrions atteindre les îles Matty, dans le détroit de James Ross. James, parti à la recherche de Franklin, était le neveu du célèbre John Ross, le « découvreur » des Inuits, le premier à avoir rapporté à Londres le récit du baiser eskimo, consistant à se frotter le nez, qui amuse toujours tant les enfants.

Nous doublons le cap Bernard. Alors que nous pensions être arrivés au bout de nos peines, déjà habitués à cheminer dans un canal plutôt confortable, nous rencontrons un nouveau pack, serré et dense, combiné à des hauts-fonds de moins de quatre mètres. La lune est à demi pleine, l'horizon est sombre, nous avons trop peu de visibilité. Philou fait marche arrière, contourne un glaçon et repart vers le large. Nous heurtons quelques floes, la *Fleur* grince sous la pression des glaces. Nous guettons une polynie assez grande quand soudain, imprévisible, le pack s'ouvre et se détend. La glace est définitivement changeante, capricieuse, jamais là où on l'attend, elle est partout, énigmatique et surprenante.

Nous doublons le cap Adelaide Regina, les îles Clarence sont au large. Beaucoup de vieilles glaces en bordure de côte s'enchevêtrent les unes aux autres tels de gros hummoks. Philou hisse le génois.

Ce matin, nous jetons l'ancre à Kent Bay pour que Philou puisse dormir quelques heures. J'occupe les enfants, les grands avec un DVD, les petites avec des histoires. Après à peine trois heures de sommeil, le capitaine est de nouveau sur pied, il étudie notre prochaine navigation. Il y a beaucoup de cailloux à fleur d'eau. Philou repère les hauts-fonds sur la carte et les reporte un à un sur le GPS, il pense que ce sera le passage le plus difficile depuis le début de notre aventure. Il fait grand beau. Nous nous lançons.

Nous slalomons de polynie en polynie, à chaque fois plus petite, avec toujours l'un de nous au nid-de-pie, et la crainte de heurter un haut-fond. Il y a à peine trois mètres de profondeur ici, Philou est obligé de relever la quille.

C'est la partie la plus délicate du Ross. Nous pensions contourner un banc de hauts-fonds par le nord mais la glace nous bouche le passage. Nous sommes obligés de nous détourner et de faire cap au sud. Nous tenterons de le contourner par là. Devant nous, il y a les îles Brunton et Blenky. Pourvu que cette fois encore la banquise soit clémente et nous laisse passer. Un fort courant de travers nous pousse vers le pack, il faut être vigilant. La banquise et les cumulus humilis floconneux se confondent en une harmonie de bleu parsemée de blanc. On ne sait plus très bien qui est le ciel ou la mer. C'est magnifique.

Le James Ross est bien encombré. Les conditions sont de plus en plus exécrables, tout s'unit contre nous, le courant, les récifs, le vent, la glace, et maintenant c'est la nuit qui est bel et bien là pour la première fois depuis longtemps, accompagnée d'un brouillard si dense que nous n'y voyons plus rien. La mer s'est formée, nous avions perdu l'habitude, d'autant que, la quille étant relevée, le bateau roule de plus belle ; tout valse à l'intérieur. Nous sommes à nouveau arrêtés par un pack serré, impénétrable, dont nous ne voyons pas l'issue. Philou grimpe au nid-de-pie afin d'évaluer lui-même la situation. Nous revenons sur nos pas et cherchons un ancrage sûr pour patienter. Il ne serait pas sage d'attendre ici, le courant pourrait nous drosser à la côte. Nous ancrons à cinq milles du bouchon, au nord de Bruton Island. La météo annonce un vent de nord-ouest qui pourrait nous être favorable. Nous guettons l'évolution.

C'est étrange de retrouver la nuit, elle est vraiment noire autour de nous. Je ne peux pas allumer la lumière dans la timonerie, cela dérange la navigation. Mais j'ai pris l'habitude de travailler quand les enfants dorment, en tenant compagnie à Philou. Aussi, je m'accroche une frontale que j'allume faiblement pour pouvoir écrire sans déranger le capitaine. Philou n'a pas fermé l'œil depuis quarante-huit heures. J'ai réussi à dormir quatre heures, en deux fois. Nous avons hâte de quitter ce détroit malsain qui a causé tant de naufrages.

Dans la nuit, un banc de glaces dérivantes se dirige vers notre ancrage. Nous sommes par 3,6 mètres de profondeur. Nous décidons de lever l'ancre, avant de nous faire emprisonner. Pour cela il nous faut traverser une barrière de glace. La *Fleur* s'insère dans une fissure, pousse les floes. Une fois de plus le vacarme infernal réveille Marion. On a l'impression que la coque va s'ouvrir en deux tant les secousses sont effrayantes. Philou décrète que cet endroit est pourri. Nous faisons route.

À minuit, nous sommes dans le bassin Saint-Roch. J'ai dormi deux heures, j'entends Philou enrouler le génois, je remonte dans la timonerie. À l'approche d'une île, les fonds remontent jusqu'a 2,6 mètres, ça touche. Il me dit avoir rencontré un banc vers le cap Hardy. La banquise est à bâbord, nous la longeons. La brume tombe sur le littoral.

La glace nous bloque le passage sous le vent de l'île. Heureusement il y a un petit chenal entre l'île et la terre. Encore une fois, les fonds remontent jusqu'à 2,5 mètres. Philou branche l'hydraulique, je suis dans la cabine avant avec les filles, d'où je surveille la remontée des fonds sur un sondeur. Le bruit des pompes hydrauliques qui servent au guindeau et au propulseur me donne à chaque fois l'impression d'être dans un avion prêt à décoller. Miraculeusement, cette fois les petites ne se réveillent pas.

Il fait presque nuit noire, beaucoup de brouillard. Philou fait des zigzags entre les floes. Banquise à bâbord, ça passe de justesse. Il y a de la mer et du vent, il n'y a donc certainement pas de pack au vent. Philou me lance un : « Quelle aventure... » Son œil frétille, mais je sais sa tension extrême, et le poids qui pèse sur ses épaules. Notre sécurité dépend de lui, de son adresse, de son expertise. Il n'a pas droit à l'erreur, et s'il cache soigneusement son angoisse, je la mesure à ses silences plus longs encore que d'ordinaire.

Et puis, à nouveau, un pack infranchissable et il nous faut faire demi-tour.

Au matin, le vent mollit, la mer se calme. Nous sommes revenus dans le bassin de Saint-Roch, nous capeyons au large en attendant que la situation s'améliore. Philou en profite pour se reposer une heure. Puis nous recommençons, mais après cinq heures d'efforts haletants, nous nous heurtons au même bouchon qui nous barre la route.

C'est à un jeu de patience que nous nous livrons avec la glace. La *Fleur* s'insère de fissure en fissure, doucement, subrepticement, l'espace est de plus en plus petit. Soudain la *Fleur* se fâche, attend un moment devant le nouvel obstacle, comme pour l'observer, puis sous la pression de son étrave la glace se fend, la plaque se divise et file lourdement de chaque côté du bateau, heurtant ses flancs. Nous sommes là, dérivant patiemment dans cette mer de glace, accélérant de temps à autre le processus en faisant vrombir le moteur. Je songe à Nansen et à sa longue dérive : ce savant aventurier au physique de Viking austère présenta à la Société géographique norvégienne un projet de dérive transpolaire basé sur l'expérience du navire la *Jeannette* qui avait été emprisonné et brisé par les glaces, le 13 juin 1881, après vingt et un mois de dérive dans l'Arctique, au nord de la Nouvelle-Sibérie et dont les débris avaient été recueillis trois ans plus tard à l'extrémité sud-ouest du Groenland. Nansen voulait renouveler l'expérience, mais volontairement. Il réussit à réunir des fonds suffisants pour son projet. Il fit construire un navire suffisamment solide pour résister à la pression et le nomma le *Fram*. L'intérieur était composé d'un salon et de six cabines isolées avec du feutre épais, du poil de renne, des copeaux de liège et du goudron pour prémunir les explorateurs du froid. Nansen stocka à bord plusieurs années de nourriture et de carburant, ainsi que de nombreux livres et instruments scientifiques. Il laissa sa femme et sa fille de six mois et quitta Oslo à l'été 1893. À l'automne, le navire pris par les glaces commença son premier hivernage et les scientifiques purent ainsi étudier les mouvements de la banquise. Après deux tentatives infructueuses, Nansen partit pour une expédition terrestre vers le pôle Nord avec son équipier Johansen, en emportant deux kayaks, et trois traîneaux tirés par vingt-huit chiens. Ce fut une expédition aux limites de l'imaginable. Ils arrivèrent rapidement au point le plus Nord jamais atteint mais marchèrent plus d'un an, chassant l'ours et le morse pour se nourrir, allant jusqu'à abattre la moitié de leurs chiens lorsque le gibier fit défaut. Ils retrouvèrent le *Fram* que la banquise recracha après trois ans, le 27 août 1896, et firent une entrée triomphale le 9 septembre dans le port de Christiana. Nansen aura prouvé entre autres que l'océan entourant les pôles était très profond, que la rotation de la terre influait sur le mouvement des glaces, qu'il existait des nappes d'eau sous-marines relativement chaudes et salines, qu'une faune et une flore abondantes prospéraient jusque dans les très hautes latitudes, et que l'on pouvait vivre une si redoutable aventure avec un équipage réduit (treize personnes seulement) sans défaillance ni désertion, et sans recours aux terribles méthodes autoritaires que l'armée anglaise employait dans ses expéditions. Nansen est un des explorateurs des pôles les plus respectés.

Cette fois, c'est notre tour. La *Fleur* est prise entre deux floes qui l'enferment, nous sommes pincés. Notre moteur ne nous porte plus, les glaces nous ont avalés, nous faisons désormais partie du décor. Le courant nous pousse avec les autres floes, petit vaisseau bleu dans un océan de blanc, abritant huit cœurs qui battent au rythme de la banquise. La brume se dissipe, faisant place à un soleil voilé qui illumine ce champ de glace à perte de vue. Nous dérivons lentement par deux nœuds de courant dans un paysage lunaire, fin du monde ou commencement des temps, silence séculaire brisé par quelques rires d'enfants insouciants qui résonnent dans l'immensité.

Durant des heures, la *Fleur*, comme privée de ses sens, possédée par la banquise, ne nous appartient plus. Nous nous sentons très petits, très modestes, conscients de notre vulnérabilité au regard du colossal mouvement qui se joue autour de nous. Pour la première fois depuis le début de notre voyage, nous voilà complètement impuissants. Il n'y a rien à faire. Assis dans la timonerie, nous regardons filer le paysage autour de nous.

Ce soir, la banquise s'est ouverte, comme une gangue soudain mûre, elle nous a laissés échapper. Le bateau va bien, il s'en tire avec quelques égratignures, il a résisté. Nous retrouvons l'eau libre, en même tant que le capitaine le sourire. Le vent revient, la mer forcit, nous filons toutes voiles dehors vers Gjoa Haven.

8.

Gjoa Haven, la mi-parcours – Le retour de la nuit
– Simpson Strait – Cambridge – La Dew Line
– Deux Anglais dans une barque

Nous arrivons à Gjoa Haven après sept jours de traversée laborieuse et périlleuse à travers la banquise, contournant les hauts-fonds, avec toujours la peur au ventre. Nous avons encaissé chaque secousse sur la coque comme un coup, craignant toujours l'accident. Nous avons la tête lourde de ce vacarme perpétuel, les enfants sont épuisés d'avoir été réveillés chaque nuit par ces chocs violents qui résonnent dans la carcasse du bateau, mettant chaque fois à l'épreuve sa solidité, et celle de nos nerfs. Mon doigt me fait toujours souffrir.

Cent fois nous nous sommes crus vainqueurs, cent fois la glace nous a repris. Cent fois je nous ai crus perdus, cent fois nous nous en sommes tirés. En un très court laps de temps, nous avons vécu des émotions d'une grande intensité, nous avons connu plus de déceptions cruelles que nous ne croyions possible d'en supporter. Nous nous sommes poussés à la limite de nos capacités physiques, et chaque fois que nous avons cru en atteindre le bout, nous pouvions encore un peu plus. Cette force que nous avons, qui nous a permis de tenir, de passer, de ne pas craquer ni baisser les bras, je l'avais devinée. Nos efforts et notre ténacité ont été finalement récompensés.

À partir de Gjoa Haven, le risque d'un hivernage est moins effrayant : il y aura désormais, à distance accessible par la banquise, des villages où nous pourrons nous ravitailler. Je ne nous le souhaite pas, mais le spectre d'un hivernage en pleine sauvagerie s'éloigne à mon soulagement. Nous avons traversé un no man's land, seuls au monde. Se faire pincer aurait pu être fatal.

Et puis, c'est la mi-parcours. Nous avons fait la moitié du chemin. Nous avons vaincu d'innombrables difficultés. Nous n'avons pas démérité.

Notre premier souci en nous amarrant est d'inspecter les dégâts. Comme nous l'avions remarqué, il y a quelques égratignures sur la coque, et un safran légèrement endommagé. Rien de plus. Alors seulement, nous laissons éclater notre joie. Philou sourit de toutes ses dents. Comme cette banquise impénétrable, il finit par se détendre. Le repos est proche. Les enfants, exaltés, font la liste de toutes les bonnes choses dont ils vont se régaler à terre : Laura veut des Tic-Tac, Loup et Nina rêvent de sucreries. Je n'arrive pas à me rendre compte s'ils sont ou non conscients des dangers que nous venons de traverser. Nous avons frôlé plusieurs fois l'échouage fatal, nous aurions pu rester emprisonnés dans ces glaces, nous avons peiné à lutter contre ces courants qui pouvaient nous drosser à la terre. Mais ils ont juste l'air contents d'arriver à terre et de se dégourdir les jambes. Pourtant, je sais qu'ils ont ressenti cette tension et ce danger extrêmes. Il suffisait de nous observer à certains moments, Philou et moi, pour que l'urgence et le péril ne fassent plus de doute. Notre concentration, nos visages figés par l'angoisse, nos engueulades sèches et fréquentes… Mais les enfants ont du ressort, et tout cela semble déjà oublié.

Quelle satisfaction de regarder en arrière et de voir le pack à perte de vue, impénétrable, se refermer dans notre sillage ! Rien que cela, ce plaisir de l'après, est un bonheur total. C'est un peu comme lorsque la mer se calme après une grosse tempête, mais plus intense encore : on oublie tous les mauvais moments passés, seuls comptent le soulagement, la satisfaction du travail accompli. Je trouve cela aussi fort qu'un accouchement : douloureux, terrifiant, magnifique, et puis toutes les difficultés balayés par l'apparition du nourrisson comme ici par le clapot langoureux de l'eau libre autour de nous. Se savoir indemnes, vidés, avoir résisté, s'être bagarré avec les éléments et apprécier enfin un repos bien mérité, ressentir cet état de tranquillité intérieure et de paix, ce sentiment d'être revenu de loin, de l'avoir mérité. On est débarrassé du superflu, on sait mieux qui on est. On a bravé les forces obscures qui nous barrent la route, contourné les obstacles. Et puis plus rien n'a d'importance et on est prêt à recommencer, car on ne se souvient plus de la douleur, seul compte l'instant présent et il est fort, chargé en émotions, addictif.

Philou nous annonce que nous avons bouclé cette étape en un temps record et pourtant cette année est particulièrement chargée en glace malgré des températures légèrement en hausse. Le *Fiona* est toujours à Resolute.

Gjoa Haven est un petit havre de paix, plein de vie. Le nom inuktitut du village, Uqsuqtuuq, signifie « Beaucoup de graisse », en référence à la qualité du gibier et du poisson qu'on y trouve. Son nom occidental lui a été donné en hommage à la *Gjoa*, le bateau d'Amundsen. C'est ici qu'il hiverna deux ans, de 1903 à 1905. À l'époque ce n'était qu'un lieu de campement provisoire des Inuits netsiliqs. Amundsen et ses hommes construisirent les cabanes nécessaires à leurs observations scientifiques et au logement d'une partie de l'équipe, les autres restant à bord du navire malgré le froid et l'humidité, pour le surveiller. La présence de ce petit groupe d'hommes eut tôt fait d'attirer quelques familles inuit qui s'y fixèrent pour l'hiver. Le contact entre les deux populations fut salvateur pour Amundsen qui apprit tout de la survie en Arctique.

Le village s'est développé à mesure que les Inuits renonçaient à leur mode de vie nomade. En 1961 la population était de cent dix habitants, et en 2001 de neuf cent soixante. Elle continue d'augmenter à un rythme soutenu. Gjoa Haven est maintenant desservie par un aéroport ainsi que par une rotation annuelle en bateau.

Le ciel est d'un bleu limpide aujourd'hui, le soleil brille. Les familles sont de sortie, certains pêchent dans la baie, d'autres roulent en quad. Nous faisons l'attraction. Depuis son arrivée, la *Fleur* est l'objet de tous les regards. On nous entoure, tout le monde veut savoir depuis combien de temps nous avons quitté la France, si les navigations dans les glaces n'ont pas été trop pénibles et mille et une autres questions. Ce n'est pas tous les jours qu'il y a un bateau dans la baie, si tôt dans la saison, et encore moins avec quatre enfants à bord. Nous sommes les premiers à arriver. Les trois bateaux qui font route dans l'autre sens sont bloqués dans le golfe d'Amundsen.

Après un rapide déjeuner dans l'hôtel Amundsen (son souvenir est omniprésent dans la ville), nous faisons quelques courses, devisons avec les gens du coin et rangeons le bateau. Philou installe le projecteur à l'étrave en prévision des navigations nocturnes. Nous voilà prêts à reprendre la mer. Nous lèverons l'ancre dès demain. La trêve n'aura pas été longue. Nous continuons notre route vers l'ouest et le Rasmussen Bassin.

Il est 2 heures du matin. Le souvenir d'un soleil qui meurt dans un horizon de sang tache la mer de reflets orange. Nous approchons du Simpson Strait, nous relâcherons à côté de la pointe Tulloch, sur l'île du Roi-Guillaume, dans la baie de Douglas, avant d'attaquer ce couloir que les instructions nautiques qualifient de partie la plus dangereuse du passage du Nord-Ouest. Détroit effilé entre l'île du Roi-Guillaume et la péninsule d'Adélaide, il fait deux milles de large mais de nombreuses îles et la présence de hauts-fonds réduisent sa largeur praticable à moins de 0,5 mille. Le courant y est très fort. Nous avons décidé de l'aborder de jour.

Nous jetons l'ancre en pleine nuit. Silence séculaire. Le temps est immobile, comme suspendu. Deux étoiles scintillent au fond des océans, un croissant de lune leur sourit dans ce ciel prêt à s'endormir. C'est magique.

Au petit matin, nous embouquons le détroit. Le chenal est balisé, une suite d'alignements indique la route à suivre. Des mottes de terre et des têtes de roche émergent un peu partout. J'observe la barre aller d'un bord à l'autre, car pour ajouter au laborieux de cette navigation, il y a des plaques de glace éparses que l'on ne peut pas toujours éviter vu l'étroitesse du chenal. Le courant est avec nous. Il y a de plus en plus de floes, nous slalomons, Laura s'amuse à leur trouver des ressemblances : « Ce gaçon-là, c'est un gros chien, ce gaçon-là, c'est un mouton, çuila un bateau, çuila il est pas beau, il est tout sale. » Effectivement, ils sont sales ces glaçons, ils doivent provenir d'une banquise côtière. Le soleil se lève, les cumulus se dissipent peu à peu et pourtant l'horizon est de plus en plus blanc, ici les cumulus flottent sur l'eau, ils sont durs, froids, parfois impénétrables, ils sont de glace.

En fin de journée, nous faisons un arrêt sur la banquise. Je descends pour filmer la *Fleur*. C'est superbe. Le bateau s'éloigne, je suis seule au monde sur mon îlot de glace, flottant parmi les floes, dérivant dans ce désert blanc, petit glaçon parmi tant d'autres.

Le 16 août, nous entrons dans le golfe de la Reine-Maud. Nous filons vers Cambridge Bay à cent vingt milles de là, toutes voiles dehors. Nous allons faire une route légèrement plus au sud que la route directe, afin de contourner un bouchon signalé vers Jenny Lynd Island. Quelques messages de félicitations pour notre première étape nous arrivent via Iridium. Nous sommes les premiers à avoir atteint Gjoa Haven si tôt dans la saison et si vite. Bien que nous n'ayons pas entamé cette navigation pour l'exploit qu'elle représente, et que le record de vitesse soit la dernière de nos priorités, nous sommes pourtant heureux et fiers de notre réussite. Nous sommes un tout petit équipage, les enfants sont tout de même une réelle particularité de notre périple, et nous nous en sortons étonnamment bien. Ces messages de la terre nous touchent particulièrement et je prends un grand plaisir à alimenter quotidiennement notre blog… J'espère que notre aventure en famille contribue à donner du rêve, peut-être des idées de départ, de voyage, d'évasion. Ou en tout cas, à secouer un peu le quotidien.

Dans la nuit, nous rencontrons un gros grain, Philou enroule le génois. Nous avons croisé quelques floes. Grain ou front? Nous sommes artimon et grand-voile hissés, et marchons à six nœuds. Le temps est très instable. Pourtant, sur ce navire chahuté je vais passer ma première nuit digne de ce nom depuis longtemps. Sept heures de sommeil entrecoupé de deux réveils-tétée seulement, qui me permettent d'aller soutenir Philou qui barre dans la timonerie. J'en avais un impérieux besoin. Au matin, je me sens comme neuve.

Nous accostons à Cambridge au petit jour. À quai il y a déjà des bateaux, qui tentent le passage dans l'autre sens. Je suis interpellée par le décalage entre eux et nous – et visiblement eux aussi. Ils s'agitent beaucoup, s'affairent d'un air ultraconcentré tandis que déboulent de la *Fleur*, dans un joyeux désordre, trois adultes accompagnés de quatre enfants dont deux bébés, et un chien. Nous avons l'air de touristes en vadrouille quand leur expédition a des allures sérieuses et techniques. Ils nous regardent passer comme des ovnis. Et pourtant, nous faisons la même route, et surmontons les mêmes difficultés.

Nous faisons un petit point sur les bateaux qui tentent le passage cette année. D'abord, les bateaux ancrés ici, qui se dirigent vers le Groenland. Il y a l'américain *Ocean Watch*, un sloop en acier de vingt et un mètres parti en juin de Seattle pour effectuer un tour du continent américain pendant un an. Ils sont six à bord, le skipper Mark Schrader, son équipier, un caméraman, un scientifique, un journaliste de voile, et une institutrice chargée d'entrer en contact avec les enfants aux escales.

Le deuxième bateau est belge. *Baloum Gwen* est un sloop en acier d'une douzaine de mètres. Ils sont six aussi et effectuent le passage pour la deuxième année consécutive. Ils ont laissé leur bateau en Alaska pendant l'hiver et tentent le passage dans l'autre sens pour revenir en France. Le capitaine Thierry Fabing navigue pour son plaisir, avec des équipiers amis. L'année dernière, ils ont eu des conditions excellentes, peu de rencontre avec la glace. Il n'en est pas de même cette année, il sait que la route à venir sera difficile.

Le troisième bateau, canadien, est un cotre de dix mètres. À son bord, ils sont trois jeunes, un caméraman, un skipper, un équipier. Ils sont très occupés car les fixations de leur moteur ont cassé, ils n'ont plus de gaz et ont du mal à s'en procurer localement.

Nous entendons aussi parler de deux Anglais sur une petite yole à voile et à rame, qui sont partis de l'Alaska pour tenter le passage. Ils ne sont pas encore arrivés à Cambridge et l'on n'a guère de nouvelles d'eux.

En ce qui concerne les autres bateaux qui font le passage, comme nous, vers l'ouest, nous apprenons qu'ils sont tous bloqués dans les glaces entre Resolute et Gjoa. Il y a le *Bagan*, américain, un bateau à moteur d'une vingtaine de mètres, avec à son bord une équipe de télévision ; le *Fiona*, que nous avons rencontré à Upernavik ; le troisième, un sloop de série, un Bavaria, est allemand, et ils sont deux à bord. Au Groenland, nous avions aussi rencontré le *Périple* dont nous sommes sans nouvelles.

Nous discutons les uns et les autres de nos différentes motivations. Sur la *Fleur*, nous n'avons pas de mission scientifique. Nous sommes des observateurs de notre temps, aventuriers amoureux de la nature. Nous apprécions les sensations fortes et désirons les partager avec ceux qui nous sont le plus chers. Nous voulons voir de près la banquise, les ours, les narvals et les bœufs musqués. Nous avons envie de nous frotter au mystère du Grand Nord, de tenter d'en effleurer quelques secrets ; d'aller vers les profondeurs du septentrion et de raconter.

Nous voulons aussi faire état des conditions climatiques et nous rendre compte par nous-mêmes de ce qu'il en est du réchauffement de la planète. D'ailleurs, nous avons tous constaté qu'il y a encore beaucoup de glace malgré des températures en légère hausse. Ce n'est pas demain que le passage s'ouvrira à la navigation commerciale ; entre les hauts-fonds et la glace, c'est une route trop dangereuse et trop variable d'une année sur l'autre.

Cambridge est un petit village de mille cinq cents âmes. À terre, nous sommes accueillis par Peter, électronicien et radio amateur. C'est lui qui guide les voiliers naviguant dans le coin, qui donne les informations météo, qui fait le point sur les glaces... Il nous mène au « Visitors center ». Un ours blanc trône à l'entrée : il s'appelle Brady. Ce plantigrade a rôdé de trop près autour d'une famille et de leur maison pendant plusieurs jours, il était affamé, il importunait leur chien et les empêchait de sortir de chez eux. Ils ont fini par l'abattre et l'ont surnommé Brady, certains de ne vexer personne car aucun habitant ne porte ce nom... Dans les locaux, on trouve des photos du bateau de Larsen, un marin explorateur norvégien, la reconstitution d'un village inuit, de l'artisanat local, quelques peaux d'ours. J'achète des menus souvenirs pour les amis de France, des poupées, des t-shirts. Dans la petite épicerie du port, comme partout depuis le Groenland, des fusils sont en vente, suspendus au-dessus du comptoir.

1
Ma première traversée :
le redoutable golfe de Gascogne.
2
Nina largue les amarres, au départ
de Lisbonne.
3
Le marché de Madère :
on en profite pour faire
un gros plein de produits frais.

4
Sur le banc d'Arguin, en Mauritanie, je filme les pêcheurs sur leurs jolies lanches.
5
Entre Atlantique et Sahara, toujours sur le banc d'Arguin…
6
… Sieste sous la tente, *La Fleur* n'est jamais bien loin.

7
Le bain des demoiselles pendant la traversée de l'Atlantique.
8
Loup suit les cours du CNED.
On lui fait l'école quatre heures par jour.
9
À Barbuda, j'y allais quand j'étais petite.
Sans doute la plus belle eau des Antilles.

10
Loup est devenu un vrai pirate des Caraïbes, comme son idole Jack Sparrow.
11
Avitaillement au départ de Saint-Martin. Petit mousse Laura gère les stocks.
12
Je trouve chaque jour le temps d'écrire pour alimenter le site Internet.

13
L'arrivée à New York.
Impressionnant !
14
Partie d'échecs avec Titouan,
le papa de Loup,
venu nous rejoindre.
15
Ma photo préférée.
Marion est captivée
par les aventures de Nansen
dans le Grand Nord.

16

Mon premier iceberg, au large de Terre -Neuve, dans le reflet de la pleine lune.

17

Petit roupillon dans la timonerie.

18

La Fleur se fait toute petite devant ce monstre de glace.

19

Mur de glace dans la baie de Disco.

20

Laura et Marion au poste de pilotage.
Leur place préférée...

21

La brume tombe comme une chape de plomb;
bientôt les icebergs deviendront
difficilement visibles.

22
Montée d'adrénaline pendant ces séances de tournage. Je m'approche au plus près de l'iceberg.
23
Coucher de soleil sur Rode Bay, au Groenland.
24
Il y a même des fleurs dans le Grand Nord.

25
Le marin solitaire regarde la mer…
C'est son occupation favorite.
26
Mais le marin n'est pas toujours
de glace…
27
Laura est toute fière de sa pêche.

28
Mon pire souvenir: nous venons de laisser Marion à l'hôpital de nuit.
29
Georges nous a rejoints pour le passage du Nord-Ouest.
30
À Ilulissat, Loup admire la pêche du jour.

31
Décor magistral. L'île de Devon, dans le Lancaster Sound.
32
C'est parti pour le passage du Nord-Ouest : Marion a recouvré la forme.
33
À Berchey, devant le mémorial de Franklin. Expédition tragique qui ne laissera aucun survivant.

34
Nous slalomons dans un désert de glace.
35
La Fleur a bien du mal à se frayer un passage entre les floes.
36
Apparition magique pour notre plus grand bonheur: le seigneur de l'Arctique..

37
Moment de détente
sur la banquise… Les enfants
se croient aux sports d'hiver.

38
Mais il faut rester vigilant et ne
pas tomber dans les trous d'eau.

39
Beti a flairé un phoque.
Elle va tomber à l'eau
dans la minute qui suit.

40 et 42
Nous nous relayons au Nid de pie durant tout le passage du Nord-Ouest… Difficile d'apercevoir une fissure, dans ce labyrinthe.
41
Nous croisons des rameurs qui tentent le passage. Ils abandonneront à Gjoa Haven.

43
Moment de détente après la bataille à la sortie d'un gros bouchon de glace dans le golfe d'Amundsen.
44
Un phoque se prélasse sur la banquise en Alaska.
45
Expédition passage du Nord-Ouest achevée. Le capitaine est fier de son bateau.

46

Fleur Australe.

Architectes : Michel Joubert/ Philippe Poupon.

Construction aluminium META.

Bateau d'expédition polaire à quille relevable.

Longueur : 19,80 m.

Déplacement : 30 t.

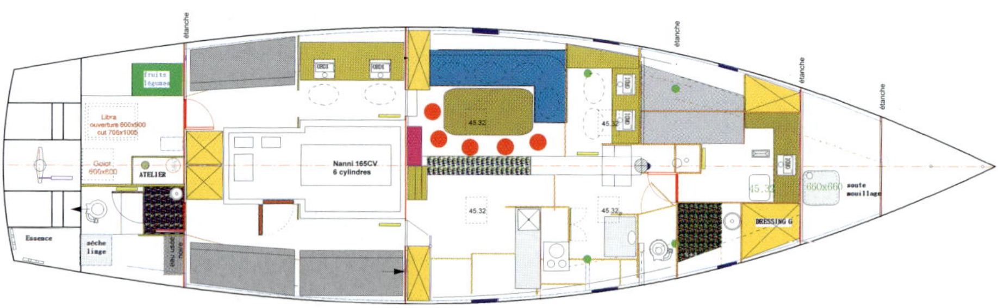

Mis à part la gentillesse de Peter, Cambridge est un village bien triste, comparé à Gjoa Haven. Nous ne croisons personne dans les rues. Il faut dire qu'il fait moins beau, le temps est brumeux. Le soir même, nous reprenons la mer. En longeant le quai, Philou fait sonner la corne de brume en guise d'au revoir aux autres bateaux qui s'apprêtent à faire la route que nous avons d'ores et déjà parcourue. Pour notre part, nous filons vers l'Alaska. Nous en avons pour une douzaine de jours de navigation jusqu'à Nome, à mille sept cent milles de là. Mais nous ne savons pas grand-chose de l'état des glaces dans l'Arctique de l'Ouest, sauf ce qu'en disent les bateaux de Cambridge. Il est en tout cas impératif de passer la pointe Barrow avant le 1er septembre. Plus d'un bateau s'est perdu pour avoir dépassé cette date. Amundsen, en 1905, ne réussit pas à atteindre l'île Herschel et endura un troisième hivernage à King Point, ne bouclant son passage que l'année d'après. Cet hivernage fut pour lui plus rude que les précédents et l'un de ses compagnons y mourut brusquement sans que rien puisse être fait pour le sauver. Il repose encore en cette terre perpétuellement gelée. Nombre de baleiniers disparurent aussi dans cette zone, broyés par la banquise, d'autres durent hiverner en attendant la saison d'après. Les baleiniers, depuis plusieurs siècles, sont les pionniers anonymes de l'exploration arctique. Pauvres et habitués à vivre à la dure, ces marins avaient le goût de l'aventure, ils traquaient périlleusement la baleine sur des rafiots craquants, dans des mers inhospitalières.

Cette année est si chargée en glace qu'il ne faut pas traîner. Nous devons tenter de prendre de vitesse l'été qui s'achève déjà. Chaque année est différente, la glace est versatile et imprévisible. Les températures vont baisser rapidement, les eaux geler, et les nuits s'assombrissent et rallongent chaque jour. L'été est fugace comme une caresse, merveilleux pour ceux qui émergent de la nuit perpétuelle, clément enfin sur la peau de qui a enduré des températures allant jusqu'à – 60°, mais enfui aussi vite que se fanent les éphémères.

Dans la nuit, nous captons par VHF un appel des gardes-côtes canadiens : ils cherchent le *Fiona*, pris dans les glaces. Nos amis ont-ils lancé un appel de détresse ? J'espère qu'ils vont bien. Ils sont si loin derrière nous que nous ne pouvons guère qu'espérer qu'ils s'en tirent sans dégâts.

Le lendemain, nous embouquons le détroit de Dease sur une mer calme et sous un ciel dégagé. Nous hissons la grand-voile. Il est 13 h 30, Nougaro passe sur les ondes. Nous prenons un bon déjeuner fait de rillettes de canard, d'une entrecôte, et de salade de tomate. Le ciel est lumineux malgré la grisaille, la mer est argentée. Les enfants sont joyeux, des blagues fusent pendant tout le repas, déclenchant les rires cristallins qui sont ma raison d'être.

Un bruit de moteur se fait entendre, nous regardons approcher un remorqueur de barges. C'est le premier bateau que nous rencontrons en pleine mer depuis Resolute ! Le capitaine, aussi heureux que nous de croiser âme qui vive, nous contacte sur les ondes et engage une chaleureuse discussion avec Philou. Nous apprenons qu'il a la tâche de ravitailler la Dew Line, c'est-à-dire le réseau de stations radar qui parsèment toute cette région, de l'Alaska au Groenland, survivance de la guerre froide entre les États-Unis et la Russie. Installées tous les cent milles, elles dessinent la ligne de la défiance.

Puis le remorqueur reprend sa route, et nous voilà seuls à nouveau.

Le capitaine du remorqueur nous a confirmé le bouchon annoncé à Dolphin Strait. Mais cette fois, il n'y a pas d'autre route possible. Il faut que nous passions, ou nous serons contraints de faire demi-tour et de revenir vers Cambridge pour hiverner. Nous serons fixés demain. Je refuse de laisser déjà monter l'angoisse, je veux profiter encore un peu de cette navigation détendue, savourer le plaisir d'être avec nos enfants, d'écouter de la musique, et de rire. Je m'active en cuisine, je prépare de bons petits plats, des gâteaux, du pain. Sur le pont, Philou apprend des chants marins aux enfants qui reprennent avec lui les refrains. Tout se déroule dans une parfaite harmonie… jusqu'à la douche. Et là, comme à chaque fois, ce sont des hurlements à n'en plus finir et un calvaire pour moi. Les enfants savent souffler le chaud et le froid… et mes matelots en herbe n'aiment pas l'eau douce.

Nous atterrissons sur Edinburgh Island, mouillons dans une petite baie au sud-ouest de l'île pour que les enfants puissent se dégourdir les jambes. Nous entrons dans le golfe du Couronnement, les îles du Duc d'York à bâbord. Ce golfe a été baptisé par Franklin lors de sa première expédition entre 1819 et 1822 pour commémorer l'avènement d'Édouard IV. Nous marchons à travers une toundra entièrement recouverte de mousse verte, parsemée par endroits de quelques myosotis. Des roches escarpées montent comme un escalier de pierre jusqu'au sommet. Nous y croisons un caribou solitaire et repérons les traces d'un ours sur la plage. Il faut être particulièrement attentif, les ours polaires sont très agressifs. Après le dîner, nous levons l'ancre dans la nuit.

Après quelques heures, sur une mer huileuse,

nous repérons au loin une petite coquille de noix qui se dirige lentement vers nous. L'apparition est suivie d'un appel VHF : sur les ondes se fait entendre une voix nasillarde à l'incomparable accent british. Ce sont les fameux Anglais sur leur petite yole dont nous avons entendu parler à Cambridge ! Interloqués, nous les invitons à nous rejoindre à bord. Ils s'approchent, abattent leur petite voile blanche et sortent les rames pour venir s'accoupler à la *Fleur*. Tony et Kevin, d'un chic absolu dans leur tenue noir et rouge marquée du nom de leur bateau, *Arctic Mariner*, déploient nonchalamment leurs grands corps hors de leur minuscule bateau et grimpent à bord. Nous les accueillons dans notre timonerie plongée dans le calme par le repos des enfants, où Georges, Philou et moi étions en train de discuter en partageant un verre de vin. Les deux Anglais sont heureusement surpris du cosy de notre embarcation, je les vois se réchauffer et se détendre à vue d'œil. Ils nous racontent leur expédition : ils ont quitté les alentour de la rivière Mackenzie il y a plus de trois semaines, et sont restés bloqués six jours dans le golfe d'Amundsen, pris dans les glaces. Le manque de vent, une année chargée en glace, des nuits de plus en plus sombres rendent leur navigation très difficile. Leur objectif initial était de rejoindre Pont Inlet sur l'île de Baffin, mais ils ont décidé de terminer leur périple à Gjoa Haven et d'y laisser leur bateau pour l'hiver. Ils sont las de ces trois semaines sans une once de vent. Nous essayons de les encourager et leur offrons du café et un cognac. L'un d'eux lance un rêveur : « *This is the way to travel* » (Ça, c'est la bonne façon de voyager). Ils font preuve d'une certaine lassitude, bien que discrète, et le confort de la *Fleur* leur semble paradisiaque. Ils ne sont nullement pressés de repartir. Je leur dis que, quelques heures auparavant, la présence des petites aurait sans doute réussi à les faire fuir. « Savourez le calme de votre embarcation ! » Ils rigolent sans me croire, tant le calme qui règne la nuit dans la *Fleur*, à la douce lueur orangée de nos lampes, est agréable.

Vers 3 heures du matin, ils se décident enfin à regagner leur bord dans la nuit glacée. Je les regarde s'éloigner, se perdre dans l'horizon, sous les étoiles, dans le bruit doux et régulier des rames. *Arctic Mariner* disparaît dans le bleu de la nuit, tandis que quatre phoques se rapprochent de la *Fleur* et pointent leur moustache et leur œil rieur vers nous.

9.

Dolphin Strait – Bain de mer dans le golfe d'Amundsen – Tuktoyaktuk – Dans les eaux américaines

Nous passons la pointe Lady Franklin, du nom de la courageuse veuve des glaces, l'aventurière obstinée qui ne renonça jamais à découvrir ce qu'il était advenu de son époux. Sur un gros floe, un phoque se prélasse nonchalamment.

J'ai l'impression que les petites commencent à trouver le temps long, elles s'agitent davantage, elles se lassent du bateau. Marion marche de mieux en mieux chaque jour. Loup, lui, est aux anges, il est de plus en plus proche de la nature, émerveillé par le spectacle qu'elle nous offre chaque jour. Il est extrêmement sensible et je sais que tous ces moments le marquent très profondément. Il passe son temps le nez plongé dans son atlas géant à étudier nos prochaines navigations et à rêver.

Nina, en revanche, a le mal du pays. Sa maman lui manque. Et puis elle m'aide énormément avec ses petites sœurs, qui ne sont pas toujours faciles. C'est une lourde tâche pour une si jeune fille, et même si elle s'en acquitte à merveille, sans se plaindre, je sais qu'elle en a parfois gros sur la patate.

Georges se montre depuis son arrivée un compagnon parfait, léger, discret, l'équipier et l'ami rêvé. Pas une minute je ne cesse de me féliciter de notre choix de l'embarquer.

Philou et moi, dans la journée, sommes concentrés sur nos tâches respectives. Mais le soir venu, dans le calme retrouvé de notre intimité, nous nous installons dans la timonerie et nous parlons doucement tandis qu'il barre. Je lui fais part de mes lectures, nous évoquons les enfants, leurs progrès, leurs difficultés, nous envisageons ensemble nos projets futurs, il m'explique certains aspects de la navigation. Nous avons des discussions passionnantes. D'ailleurs, sa maman dit qu'elle ne l'a jamais vu aussi bavard que depuis qu'il me connaît. C'est vrai, mais Philou n'aime pas parler pour ne rien dire, et ça me va très bien comme ça. J'ai eu mon lot de parlotte pendant mes années Divette. Nous parlons pour agir. Notre vie, tournée vers l'action, me convient parfaitement. J'aime les gens qui font ce qu'ils disent et non ceux qui disent ce qu'ils font.

Dans l'après-midi, la banquise se resserre, Georges grimpe au nid-de-pie. L'obstruction annoncée est bien là. Une fois de plus, la banquise se referme sur nous comme sur une proie.

La brume est dense, la banquise épaisse, faite de vieille glace recouverte d'hummok. Au fur et à mesure que nous avançons, cela se referme, se resserre. La glace bouge vite sans que nous puissions prédire ni même comprendre son mouvement général. Telle une mante religieuse, elle nous attire et nous enferme. C'est angoissant, stressant, oppressant. Du blanc partout, l'horizon se perd dans cette brume fantomatique. C'est sans doute le pack le plus impressionnant, peut-être à cause de cette brume et de l'épaisseur de la glace, de la très vieille glace. La nuit tombe peu à peu et nous sommes toujours perdus dans ce désert. Philou est de plus en plus accroché à la barre. Je sens l'anxiété qui le gagne. J'observe la barre tournée de plus en plus rapidement d'un bord à l'autre. La manœuvre est terriblement difficile, la moindre erreur, le plus petit retard seront lourds de conséquences.

Les chocs dans le bateau résonnent et réveillent les petites. Il faut les calmer et empêcher qu'elles ne viennent dans la timonerie pour ne pas gêner la concentration du capitaine. Je m'enferme avec elles dans la cabine à l'avant, et recommande aussi le silence aux deux grands. Nous sommes englués dans cette immensité. On ne voit quasiment plus l'avant du bateau. C'est très rare que ce coin soit bouché à cette époque de l'année. Apparemment, on n'a pas vu cela depuis dix ans. Mais échouer si près du but me semble impensable. Bientôt, il fera nuit et nous devons coûte que coûte échapper à cette emprise qui pourrait nous être fatale. Il faut trouver la faille, les fissures, l'issue. La banquise est recouverte d'une telle couche de neige que nous avons vraiment l'impression d'avoir quitté la mer. C'est comme si notre bateau était posé directement dans la neige. Et pourtant non, pas encore, du haut du nid-de-pie sur lequel je viens de grimper, j'ai aperçu une clairière que j'indique à Philou avec excitation. Et nous reprenons notre labyrinthique progression, de trou d'eau en trou d'eau, le nez au ras de la neige, sans rien pouvoir planifier, juste poussés par l'impérieuse nécessité de ne jamais cesser d'avancer. Car l'immobilité, c'est la fin, et si nous arrêtons de bouger, la glace refermera sa mâchoire. La banquise semble vraiment vivante, musculeuse, et sans cœur. Elle palpite, se desserre avant de se contracter à nouveau dans un spasme.

Mon doigt me lance encore. Je me demande

s'il ne guérira pas qu'une fois le passage franchi. C'est un peu comme la glace, chaque fois que je crois en être venu à bout, il se remet à gonfler.

Le paysage est fantasmagorique : un mélange de brume, de soleil et de crachin, des glaces dérivantes massives et denses errent tels des fantômes émergeant des abîmes. Nous naviguons dans les ténèbres. La tension monte. La vigie dans la mature ne sert plus à rien. La pointe, le cap Bexley, est totalement obstruée, nous revenons sur nos pas à la recherche d'un chenal qui nous permettrait d'aller vers le large. Nous ne pouvons plus faire marche arrière. La banquise s'est refermée sur notre passage.

Il pleut, il fait de plus en plus sombre. Les conditions sont rudes. Le vent de nord-ouest forcit, nous l'avons dans le nez. On ne sait plus où est le nord, le sud, où est le bout du tunnel ?

La nuit est maintenant complète, nous heurtons un glaçon. Cela devient dangereux. Le manque de visibilité, malgré le projecteur que nous braquons sur la mer, ajouté à la fatigue, nous obligent à nous arrêter. Philou balance un grappin dans un trou de glace sur un floe d'environ cent mètres de long sur cinquante de large. Ça marche, nous voilà ancrés à une île de glace dans le Dolphin Strait, au milieu de nulle part. Notre île dérive à 0,8 nœud vers le sud. Il ne faudrait pas qu'elle tourne. En attendant, repos.

C'est l'immobilité qui nous réveille en pleine nuit : nous sommes collés à la glace, le floe a tourné. Philou remet le moteur et le propulseur en marche. En nous dégageant, nous entraînons un bout du floe qui reste accroché au grappin. Nous allons nous ancrer pour quelques heures un peu plus loin, dans l'attente du jour.

À l'aube, nous sommes presque totalement encerclés de glace. Philou doit couper le bout et sacrifier le grappin qui reste pris dans le floe. Il met en marche ce propulseur dont je redoute tant le vacarme et nous nous dégageons. Nous avons perdu un grappin mais c'était le prix de trois heures de sommeil. Il fallait impérativement se reposer et attendre le lever du jour. Nous voilà de nouveau en route, il fait encore bien sombre. Devant nous s'ouvre un chenal d'eau libre. Pour combien de temps ?

La mer est grosse, secouée par une forte houle de nord-ouest, avec vent de face. Marion est malade, elle vomit sans relâche. La mer est vraiment sèche, creuse, abrupte. Mais il n'y a plus de glace en vue.

Après quelques heures de navigation désagréable, Philou avoue n'avoir jamais vu une mer si dure associée à si peu de vent. Il ajoute « foi de marin ». Les secousses sont si rudes que Nina et Loup sont malades à leur tour. Ils vont s'allonger sur leur bannette. Seule Laura n'a pas du tout l'air perturbée par cette grosse mer, elle est même surexcitée.

Cette nuit, Philou entre dans la cabine à l'avant et me secoue : il est 5 heures, et il y a une aurore boréale. Deux lianes argentées ondulent dans un ciel pourtant clair, elles serpentent, tourbillonnent, s'épousent et se séparent. Les Inuits disent que ce sont les esprits qui dansent dans le ciel. Les rais de lumière occupent l'espace, l'habitent, disparaissent puis reviennent en force pendant une bonne quinzaine de minutes. Ensuite, le ciel reste chargé et intense, devenu le théâtre d'un ballet mystérieux, d'un duo sensuel entre deux formes étranges et émouvantes. C'est un moment de pure magie, c'est ma première aurore boréale.

Plus on avance dans la vie, et plus les premières fois se font rares. Je pense à toutes celles que ce voyage m'aura pourtant offertes : ma première nuit en mer, mon premier jour éternel, mon premier iceberg, ma première banquise, mon premier caribou, mon premier ours, mon premier franchissement du cercle polaire, ma première traversée de l'Atlantique. Emportée par l'enthousiasme, je dresse aussi la liste des enfants : leurs premiers dauphins, leurs premiers globicéphales, leurs premiers pas en Afrique, leurs premiers pas sur la banquise… Les premières fois m'arrachent toujours des larmes, de joie bien sûr, mais pas seulement. Mon émotion est teintée d'un brin de nostalgie car même si j'en verrai certainement d'autres, de toute façon c'est la dernière fois que c'est la première fois et plus jamais je ne ressentirai cette fulgurance de l'émotion qui prend aux tripes. C'est pour cela que j'ai choisi le métier de comédienne, pour capturer l'émotion et la faire revivre une fois, cent fois, toujours.

En retournant à ma cabine, j'entends un doux éclat de rire : c'est Laura, pourtant elle dort à poing fermés… Silence, un ange passe.

Nous entrons dans le golfe d'Amundsen. Nous jetons l'ancre dans la baie de Pearce. Philou va pouvoir se reposer un peu. Quant à moi, je décide de fêter ma première aurore boréale en prenant mon premier bain de mer dans l'Arctique. L'eau froide est une habitude chez moi, et même une discipline. Chaque jour je me douche à l'eau glacée, et je me baigne partout, à Étretat en janvier, en Bretagne l'hiver. Aujourd'hui, l'eau est à 3 °C… Je repère un phoque à bâbord, je plonge sans combinaison, contourne le bateau et ressors immédiatement. Pour connaître un océan, il faut s'y être baigné, avoir senti la caresse de son eau sur son corps. J'ai un rapport très intime à l'eau, à la mer, depuis toute petite. Je n'ai jamais pu me passer de sa présence, de ses bienfaits. C'est pour moi un rituel important de me plonger dans ces eaux sur lesquelles nous naviguons, qui nous portent et nous épargnent depuis tant de semaines. Leur caresse est rude, cinglante comme le fouet, et me touche au cœur.

Toutes voiles dehors, nous filons vers l'île Herschel à deux cents milles de là. Le ciel est gris, chargé d'altostratus. La mer est vert clair. Nous naviguons dans des eaux peu profondes. Pour le déjeuner, nous mangeons des coquillettes assis par terre dans la timonerie, car une houle courte fait rouler le bateau et nous empêche de prendre notre repas à table. Beti nous observe d'un air dubitatif. La présence de la banquise au large de l'île Herschel nous oblige à tenter d'atteindre la bande d'eau libre entre le pack et la terre alors que nous aurions pu faire route directement sur la pointe Barrow.

Je ne sais pas si c'est mon plongeon dans l'eau glacée ou simplement la tension qui se relâche ou bien encore l'idée de bientôt atteindre notre but, mais je me sens épuisée. Cela fait bientôt huit mois que nous sommes en mer. Nous en avons parcouru, des milles et des milles, depuis notre départ de La Rochelle. De courte escale en courte escale, de nappe d'eau libre en nappe d'eau libre, nous avançons, filons toujours plus loin, avec le ciel, vide et nu, comme unique objectif. Bientôt, nous apercevrons l'Alaska.

Pourtant, l'horizon ne m'a jamais semblé aussi désert. Je me sens moi-même vidée, perdue... déboussolée. La difficulté des dernières navigations et le manque de sommeil y sont certainement pour quelque chose, mais ce n'est pas tout. Peut-être est-ce le fait d'avoir passé la mi-parcours. C'est comme si j'avais basculé. Jusqu'ici, je m'éloignais encore. À présent, j'approche du retour. Et à mesure que nous allons vers le bout de notre voyage, je me demande ce qui nous y attend. De quoi sera fait l'après ? Devrai-je faire retrouver à nos enfants une vie plus tracée, allons-nous nous réinsérer dans le quotidien ? Regagner les grandes villes, emprunter les sentiers battus ? Nous poser ? C'est impossible. Je suis une aventurière de la vie, et je l'ai toujours été. J'ai besoin de tenter, d'oser. Toujours, je vais vers mon risque, comme disait René Char. J'aurai besoin de nouveaux buts, d'étoiles à atteindre, de rêves à vivre.

Mais je me secoue, nous sommes encore dans le passage du Nord-Ouest, le moment n'est pas venu pour ces questionnements. Il faut rester concentré, la fin de ce voyage est encore loin, et c'est ma vie toute entière qui est un long voyage, dans lequel s'inscrit celui-là.

Le 23 août, nous sommes par le travers de la péninsule de Tuktoyaktuk, « Qui ressemble au caribou » en inuvialuktum. La légende raconte l'histoire d'une jeune Inuit qui campait avec son père au bord du rivage. Son père lui avait recommandé de rentrer dans la tente si des caribous approchaient et d'éviter de les regarder. Deux caribous se montrèrent peu après. La jeune fille obéit et se réfugia sous la tente, mais elle ne put s'empêcher de leur jeter un coup d'œil. Aussitôt, alors qu'ils étaient en train de traverser un bras de mer, ils furent pétrifiés. On peut voir leurs bois qui dépassent aujourd'hui encore.

La péninsule est dangereuse, il faut y éviter ces pingos sous-marins, une multitude de monticules coniques de terre et de glace agglomérées. Ils poussent comme des champignons sous l'action du gel qui fait gonfler le sol à l'endroit où l'eau de fonte s'est accumulée. On trouve aussi des pingos sur la terre ferme. Ils peuvent atteindre plusieurs dizaines de mètres. Un fort courant engendré par l'écoulement du fleuve Mackenzie et peu de fond, voilà pour la navigation dans ces eaux. Le ciel s'est éclairci et le soleil brille à travers les nuages. Le compas devrait retrouver une stabilité prochainement et nous éviter de longues heures à la barre. En fin d'après-midi, la mer s'est calmée, le vent est tombé.

Nous sommes à cent quarante-huit milles de l'île Herschel.

À l'horizon, la ligne blanche du pack se profile. Nous avançons encore dans l'eau libre, mais pour combien de temps encore ? Le pack obstrue totalement l'horizon et nous fonçons droit dessus.

Nous nous arrêtons sur la banquise, trois phoques prennent un bain de soleil, pas gênés le moins du monde par notre arrivée. La banquise est comme adoucie par une fine pellicule de neige. Nous marchons loin sur cette nappe virginale. Les enfants s'amusent, se roulent sur la glace, s'envoient des boules de neige. Il faut les rappeler à l'ordre, c'est dangereux. Il y a toujours le risque d'un trou d'eau, il faut vérifier que la banquise est assez dure et épaisse. Loup, tout à son jeu, ne veut rien entendre et Philou doit se fâcher.

Il nous faut repartir. La nuit va être dure.

J'observe le reflet de la *Fleur*, son ombre noire se dessine clairement sur cette glace immaculée. Elle avance doucement. Au moment où nous regagnons l'eau libre, quelques sternes s'envolent. Cela faisait longtemps que nous n'avions pas vu d'oiseaux. Le ciel se couvre alors de brume et bientôt on ne distingue plus la banquise, seuls quelques gros floes qui flottent encore sur cette mer calmée par la glace. Chaque rencontre est différente, la banquise n'est jamais la même, celle-ci était douce et clémente, elle nous a laissés passer, marcher, jouer. Je comprends que ces phoques l'aient choisie pour s'y prélasser, la neige avait arrondi ses contours, comblé ses aspérités, refermé ses blessures.

Le pilote s'est remis à fonctionner, Philou est content, il peut lire et s'occuper à ses petits travaux, pendant son quart. Le soir tombé, nous nous installons tous les deux dans la timonerie pendant que Georges se repose. Philou me fait remarquer qu'en Arctique, la houle est courte, hachée, cassante. À l'image du Grand Nord, elle est inconfortable, hostile et rude. Elle n'a rien à voir avec la longue houle sensuelle et ronde que l'on rencontre en Atlantique. Dans les Antilles, par exemple, le vent, quand il ne se fait pas cyclone, est doux, caressant, ondulant, comme teinté de la lumière rose qui baigne ces îles.

Vers minuit, nous croisons deux navires de prospection sismique, le *Viking Vision* et l'*Alex Gordon* avec lesquels nous échangeons quelques mots à la VHF. Une mouette passe. Elle se fiche pas mal de savoir s'il y a du pétrole dans ces eaux, elle poursuit son chemin, gracieuse, tranquille.

Nous avons décidé de ne pas nous arrêter sur l'île Herschel, et la glace revient nous rendre visite, une fois de plus, capricieuse maîtresse de notre destinée. Un banc de floes se dirige vers nous, la nuit tombe, la mer s'est formée. Prudemment, nous affalons les voiles et avançons à tâtons. De nuit, éclairée par le projecteur, la banquise est magnifique, on perçoit bien sa densité, ses reliefs, sa profondeur, l'eau qui l'entoure est transparente, fluorescente. À l'horizon, le ciel rougit. Le spectacle est merveilleux. Je sors et filme. Quand la glace approche, la qualité de l'air change, comme autour des icebergs. Plus froid, bien sûr, mais plus électrique aussi. L'odeur est très particulière, le parfum du froid sur la mer. Je pourrai maintenant les reconnaître entre mille, ce petit air froid et cette odeur étrange qui indiquent la présence de la glace, comme une ritournelle familière.

À travers le brouillard, on ne voit pas les glaces dérivantes à moins de cinquante mètres. Philou enroule le génois. Nous slalomons entre de superbes floes de grande taille qui, il y a encore peu de temps, nous auraient fait bien peur. Aujourd'hui ils nous paraissent presque amicaux.

La banquise se resserre. Georges grimpe au nid-de-pie, pour en savoir plus. Il faut affaler la grand-voile car cela s'obstrue véritablement. Nous sommes à mille deux cents milles du pôle nord, c'est curieux d'imaginer que cette banquise va jusque-là et même jusqu'au Spitzberg. Nous avançons relativement facilement dans un petit chenal d'eau libre. La mer s'est calmée. En présence de la glace, l'océan s'apaise comme s'il retrouvait une compagne enfuie. Il y a une histoire d'amour entre la glace et la mer.

Le ciel s'éclaircit peu à peu. Philou hisse de nouveau la grand-voile, et nous passons au large de Demarcation Bay. Nous sommes entrés dans les eaux américaines. Ce sont des bandes étoilées qui flottent désormais sur la *Fleur*.

10.

Une longue traversée – La pointe Barrow
– Le détroit de Béring

Nous sommes le 25 août. L'automne arctique a commencé, la température baisse chaque jour. Nous venons de quitter la banquise, pour de bon cette fois, nous laissons les glaces derrière nous, avec un drôle de petit pincement de nostalgie – que l'océan ne laissera pas s'installer. Car nous ne sommes pas au bout de nos peines. Une grosse mer courte et sèche nous attend, des paquets d'eau se déversent sur le pont. Le bateau est rudement secoué. Je regarde les petites dormir, elles font des bonds sur la bannette, sans se réveiller…

Cela fait déjà huit jours que nous avons quitté Cambridge. Il nous reste encore sept cent trente milles pour atteindre Nome, notre prochaine escale, soit six jours de navigation. C'est long. Cela fera quatorze jours de traversée d'affilée, sans aucune escale, et je vois que les enfants en ont assez. Tout le monde en a assez, d'ailleurs. Georges boude une journée entière dans sa cabine parce que Loup l'a réveillé une fois de plus au milieu de la nuit en allant aux toilettes, qui sont situées juste à côté de sa bannette. Il lui demande depuis des semaines de faire moins de bruit, mais allez faire entendre la discrétion à un petit garçon de neuf ans ensommeillé. Les enfants sont très irritables. Même Loup et Nina, qui s'entendent si bien, se chamaillent sans cesse au sujet de la vaisselle. Ils regardent des films toute la journée allongés sur leur bannette. Georges fait des réussites sur son ordinateur en affichant une mine sinistre. Et moi non plus, je n'en peux plus. Quand il me semble que j'ai atteint mon objectif, je m'ennuie. J'aime le danger. Ces navigations palpitantes m'ont rendu accro. Même Philou craint de trouver désormais les navigations « normales » un peu fades.

Le paysage autour de nous est toujours aussi désolé, aride, brûlé par le froid et les vents. J'ai hâte de découvrir les belles montagnes du bas Alaska, qui ressemble un peu au Groenland. J'ai hâte de voir du relief bousculer ces îles plates et arides, de voir des couleurs tacher ce brun et ce gris répartis à gros traits.

La houle de face est forte, malgré un vent faible. Il n'y a aucune glace en vue depuis ce matin. Le ciel est bas et gris comme la mer. Il y a peu de fond, vingt mètres à peine. Les journées sont mornes et longues. Les petites, surtout Laura, sont difficiles. Elles manquent d'exercice. Depuis bientôt huit mois, je suis vingt-quatre heures sur vingt-quatre avec elles et je rêve d'une journée pour moi. Cela fait plus d'une semaine que nous n'avons pas posé le pied à terre et les deux derniers mois, c'est-à-dire tout le passage du Nord-Ouest, à part quelques courtes balades à pied, nous n'avons guère vu autre chose que de la glace. Je tourne un peu en rond, je rêve d'un bon bistrot entre copains, d'une après-midi à me promener toute seule, de m'arrêter boire un café dans un bar, d'observer les gens. Au programme, lecture, DVD, et repos quand les petites demoiselles nous en laissent le loisir.

Ce soir, nous recevons des nouvelles des autres bateaux. Les trois qui tentaient le passage dans l'autre sens sont bloqués à Gjoa Haven, car le Peel Sound et le Bellot sont toujours bouchés. Les deux qui font la route dans le même sens que nous ont sans doute quitté Cambridge. Pour notre part, nous espérons atteindre le détroit de Béring d'ici quatre jours.

Nous quittons la mer de Beaufort pour pénétrer dans la mer des Tchouktches, du nom du peuple qui habite ses rives du côté russe. Réputés pour leur excellence à la chasse comme à la navigation, ses marins étaient souvent engagés par les bateaux qui partaient à l'exploration de l'Arctique. Nous doublons la pointe Barrow. Je souris en pensant que nous sommes à la même longitude que Tahiti. J'y ai vécu quelques mois merveilleux, j'y ai fait le deuil de ma mère. Des journées entières à plonger dans ces lagons turquoise, à me ressourcer auprès de mon ami Igor qui m'a initiée aux mille visages de la Polynésie et au charme fou des Tuamotus, « les îles au large ». J'ai hâte de retrouver l'océan Pacifique, il me fait vibrer, il m'ensorcelle. Ce sera le troisième océan de notre voyage, après l'Atlantique et l'Arctique.

Les lumières d'une ville scintillent comme des étoiles à la lisière de l'eau. Notre horizon n'est plus la ligne blanche du pack mais une ligne jaune étincelante, promesse d'une vie trépidante. Nous sommes aux États-Unis, ici on n'économise pas, des centaines de lampadaires se suivent de près et brillent de tous leur feux. Ils bordent cette côte plate et basse, pointe nord de l'Alaska, pointe mythique autant que le cap Horn. La Pointe Barrow. Nous y voilà ! Malheureusement, il n'y a pas de port. Pour s'arrêter, il faudrait pénétrer dans la lagune, à plus de dix milles. Vu la forte houle, nous ne sommes pas sûrs de pouvoir débarquer. Quel dommage de passer si près de la vie et de devoir poursuivre notre route sans nous réchauffer aux lumières de la ville, sans nous frotter à la civilisation. Barrow est la plus importante collectivité inuit de l'Alaska et possède de ce fait le plus important quota accordé pour la chasse à la baleine : vingt-deux tentatives de prise par an contre trente-huit pour l'ensemble de l'État. Un seul animal peut fournir quinze tonnes de viande et dix tonnes de graisse, de quoi manger, se chauffer et s'éclairer pour un bon bout de temps. Les Inupiats, chasseurs de Barrow, jouissent aujourd'hui d'une vie très occidentalisée mais ils conservent les fondements de leur philosophie traditionnelle. J'ai très envie de visiter les lieux.

Nous décidons de tenter le coup et jetons l'ancre le long de la côte par huit mètres de fond pour attendre que le jour se lève. Philou appellera les autorités dès l'aube afin de les prévenir de notre entrée sur le territoire et de voir s'il y a une possibilité de débarquer. En attendant je vais tenter d'aller me reposer car ça bouge vraiment beaucoup.

Depuis New York, nous n'avons quasiment pas changé l'heure de notre bord. Nous avons vécu en quasi autarcie, et dans le jour éternel. Rien pour nous rappeler qu'il fallait dormir ou se réveiller, nous sommes restés complètement libres de nos horaires. Ce matin, à 8 heures (pour nous), nous sommes tous fin prêts, réveillés et sur le pont pour rejoindre la terre. Mais nous devons constater qu'il fait nuit noire, et qu'il n'y a pas âme réveillée sur la pointe Barrow. Il faut renvoyer tout le monde au lit, pour trois bonnes heures. Allongés sur nos bannettes, les yeux grands ouverts dans l'incessant roulis, nous attendons que le jour se lève. Nous avons été rattrapés par la nuit, elle nous impose sa loi. Il faut attendre que les lumières qui bordent la côte s'éteignent et que la terre s'éveille pour chercher le contact.

Nous ne le trouverons pas, les coast guards doivent être occupés ailleurs et les grosses déferlantes qui viennent mourir sur le rivage rendent le débarquement impossible. De la pointe Barrow nous ne garderons que le souvenir ému d'une côte aux milliers d'étoiles.

Officiellement, le passage n'est pas encore achevé, mais nous savons pourtant que nous avons réussi. Nous avons franchi la banquise, les glaces sont derrière nous. Nous n'aurons plus qu'à voguer sur l'eau libre jusqu'au détroit de Béring. Nous avons réussi, je me le répète comme une petite chanson secrète. Nous avons réussi.

Pour autant, aucune effusion de joie. Nous levons l'ancre tranquillement et poursuivons notre route comme si de rien n'était. Peut-être ouvrirons-nous une bouteille de champagne ce soir, histoire de fêter ça. Mais les véritables victoires, les sentiments de joie profonde, c'est après chaque bagarre avec la glace, après chaque rencontre avec cette banquise impénétrable que nous les avons ressenties. Lorsque l'on se retourne et que l'on aperçoit dans son sillage le pack qui se referme, voilà où sont les vrais moments de bonheur. Croire que l'on ne passera pas, tenter des heures durant de se faufiler dans les entrailles de la banquise, batailler contre ses floes pour finir par retrouver l'eau libre et son petit clapot vivifiant, ce sont des moments de grâce absolue. Chaque satisfaction est à la mesure de la confrontation, de la bataille qui l'a précédée. Seul le chemin parcouru compte, le reste n'est que pure illusion, n'existe déjà plus. Ce qui demeurera en nous, c'est le souvenir de ces champs de glace à perte de vue et la petite mélodie délicieuse de l'eau libre après la bagarre, le caresse apaisante de la mer sur les flancs maltraités de la *Fleur*. Les navigations dans les glaces sont palpitantes, ce sont des moments rares et forts. Un jeu de patience, une leçon de vie, car il ne faut jamais se laisser décourager. On croit que cela ne passera pas, l'horizon est complètement bouché, tout blanc. On grimpe au nid-de-pie, on prend de la hauteur, et soudain on aperçoit une toute petite brèche, et de petite brèche en petite faille on finit par venir à bout du plus difficile des obstacles, d'une barrière que l'on croyait infranchissable, comme par miracle. Prendre de la hauteur pour évaluer une situation et en discerner les issues, voilà ce que j'aurais appris. D'ailleurs, lorsque l'on regarde la terre de très haut, on y décèle les mystères de l'univers…

Cette dernière ligne droite, dernier couloir avant le Pacifique, commence à nous paraître à tous interminable, les enfants n'en peuvent plus. Il fait de plus en plus froid et je ne sors plus trop les petites. Avec le facteur vent, comme on dit par ici, les températures chutent facilement. Je les emmène sur le pont deux fois par jour pour un quart d'heure, histoire de les fatiguer un peu, après les avoir péniblement habillées très chaudement. Le soir, elles sont surexcitées et font la java jusqu'à plus d'heure. Le bateau bouge beaucoup. En permanence, nous avons le corps tendu pour compenser la gîte. Tout est compliqué : se déplacer, cuisiner, chaque petit acte anodin du quotidien demande concentration et rigueur, il faut tout tenir, ne rien lâcher. J'ai besoin de légèreté, de détente. Mon doigt ne me fait plus souffrir, comme le passage du Nord-Ouest, bientôt achevé. Nous devrions atteindre dans quatre jours le détroit de Béring qui marque la fin du passage.

Cette nuit, j'ai rêvé que je barbotais dans un bain chaud avec mes deux petits monstres. Cela fait bien longtemps que je n'ai aucune idée de ce qui se passe ni en France ni dans le monde. Personne ne se charge, à terre, de nous envoyer de petites informations, de ces petits riens qui nous lient aux autres. Cela me manque, des nouvelles fraîches du pays ! Chaque mail qui arrive est un rayon de soleil dans ces journées bien grises. Sans doute par peur d'encombrer l'Iridium ou de nous coûter cher, nous en recevons peu. Nos amis ne mesurent pas l'importance de leurs messages dans ces journées monotones.

Aujourd'hui, pour entamer notre morosité, des baleines franches sont venues nager autour du bateau. Nous avons d'abord entendu leur souffle impressionnant, puis c'est une gerbe d'eau qui a jailli des profondeurs avant de laisser apparaître enfin leur dos colossal et leur queue gracile qui virevolte dans les airs, comme un hymne à la vie.

Nous sommes à deux cent soixante milles du détroit de Béring et à trois cent soixante milles de notre prochaine escale, Nome, la ville de la ruée vers l'or. Nous l'attendons avec impatience. Enfin, le paysage a changé. Cela fait du bien de voir un peu de relief. Sur cette partie de la côte, on peut trouver des veines de charbon sur les falaises. Elles ont été exploitées au milieu du siècle, mais jugées de qualité médiocre et difficiles à extraire, l'exploitation a cessé.

Nous doublons le cap Lisburne. La lumière est magnifique sur les falaises rocailleuses plissées par le temps. Nous longeons la côte. Le décor s'emballe soudain, c'est une explosion de la nature, un véritable feu d'artifice. Des milliers de guillemots obscurcissent le ciel encore clair, des chèvres sauvages, des rennes, des centaines de morses, agglutinés, collés les uns aux autres, se réchauffent aux derniers rayons du soleil, devisant bruyamment. On se croirait aux bains turcs, sauf qu'ici il fait à peine 1 °C. Loup et Nina sont abasourdis par le spectacle. On ne s'entend plus, les morses et les oiseaux discutent passionnément. L'odeur est forte et âcre. Une puissance sauvage se dégage de ce lieu. Nous sommes sous le choc. Jamais je n'avais observé une telle nature.

Nous passerons la pointe Hope dans la nuit.

Nous ne sommes plus qu'à cinquante milles du détroit de Béring. Devant nous, des centaines de pétrels sont posés sur l'eau. Peu de temps après nous repérons deux baleines dans le sillage de la *Fleur*.

Il est 5 heures, nous sommes en vue du détroit de Béring, dernière étape avant le Pacifique, mais ses portes ne s'ouvriront pas si facilement.

Vingt-cinq nœuds de vent de sud plein face nous attendent. Philou enroule la trinquette de moitié, prend deux ris à la grand-voile. Nous sommes au près serré, obligés de tirer des bords à 60° de la route. Le vent est parfaitement dans l'axe. La *Fleur* est couchée sur l'eau. Il y a un fort courant de face qui nous ralentit considérablement. Nous louvoyons dans le goulet entre la Russie et les États-Unis, et il nous faut prendre garde à ne pas empiéter sur le territoire russe. Sur l'écran radar on distingue très bien entre l'île Petite Diomède (américaine) et l'île Grande Diomède (russe), la frontière entre les deux continents. Une ligne entre deux cultures, deux pays rivaux. L'hiver, quand la mer gèle, on peut se rendre d'une île à l'autre en motoneige. Lorsque la frontière est franchie, on entend le canon des militaires, mais par temps de brouillard les habitants de la Petite Diomède en profitent pour partir discrètement chasser de l'autre côté.

Nous avons repassé le cercle polaire arctique, dans l'autre sens. Nous virons de bord pour éviter des hauts-fonds. Droit devant nous, il y a la ligne internationale de changement de date. Stéphane Peyron nous a raconté être venu en l'an 2000 pour fêter deux fois le réveillon. Ici, on peut vivre deux fois la même journée. Loup se demande s'il aurait le double de cadeaux pour son anniversaire. Le vent est en train de virer sud-ouest et nous pousse vers Nome.

Un macareux survole la *Fleur*. D'après les instructions nautiques, nous avons achevé ce 29 août 2009 le passage du Nord-Ouest.

Épilogue

Nome – La fin du voyage

Nous débarquons à Nome après cette dernière traversée qui aura duré quinze longues journées, plus que la traversée de l'Atlantique, sur une mer mauvaise, à la gîte en permanence. Mais nous l'avons supporté stoïquement. Même Marion, qui marchait à peine il y a un mois, se déplace désormais à la gîte. Philou et moi avons commencé à regarder des photos sur notre ordinateur, éblouis par toutes les aventures que nous avons vécues. Rêveur, il me dit : « C'est un beau voyage. »

Je suis, nous sommes, très heureux de rentrer en France après ces huit mois passés en mer. Loup va retrouver son papa, Nina sa maman. Pour ma part, j'aurai plaisir à embrasser mon père et à retrouver quelques amis. C'est un doux mélange de joie mêlée d'une certaine appréhension. Il nous faudra garder toute cette force que nous avons emmagasinée pendant ce voyage, il nous faudra nous préserver, ne pas se faire happer par la tourmente en arrivant en ville, rester sereins, tranquilles, pleins de cette mer qui nous a tant donné.

Depuis des mois, je ne me suis pas éloignée de plus de quelques mètres de mes enfants et de mon mari. Le temps passé ensemble n'implique pas forcément la qualité, j'ai le souvenir d'heures intenses passées avec Loup quand il était petit et que je ne le voyais que quelques heures chaque soir avant de retourner au théâtre. Mais pourtant, c'est ce que j'aime, être tout le temps avec les miens. Je sais que la raison, en amour surtout, dicterait plus de retenue. Se séparer pour mieux se retrouver… Mais je ne peux pas. Tant pis. J'assume de n'être pas raisonnable. J'ai le goût du huis clos, j'ai reproduit à chaque étape de ma vie ces ambiances amniotiques dans lesquelles je me sens bien. À Montmartre, c'était un huis clos de quartier ; sur les tournages, un huis clos très intense avec l'équipe ; et que dire de la troupe de théâtre. Sur le bateau, c'est avec ma famille. Où que je sois, l'intensité des sentiments est ma drogue dure.

Il est trop tôt encore pour tirer un bilan de notre voyage, les choses ont besoin de se décanter, pourtant je ressens à quel point notre périple a été riche et bénéfique pour nous ; nous en revenons plus soudés que jamais. Loup est transformé. Sa passion de la nature, de la géographie, de l'aventure, son penchant à la rêverie, tout a été grandi, magnifié au fil de notre route. Pour Nina, les choses sont moins évidentes, elle a regretté davantage sa vie à terre, elle a aussi travaillé plus dur à bord. Son bilan personnel est plus mitigé, mais je vois à quel point elle a grandi, mûri et ramené une force, une assurance tranquilles qui ne la quitteront plus. Durant ce voyage, elle s'est affirmée comme l'aînée de notre famille.

Pour Philou, c'est le bonheur : il a réussi à trouver une façon d'être père et marin à la fois, et ce sont les deux aspects les plus importants de son existence. Il est également fier de son bateau, qu'il a conçu intégralement. La *Fleur* est une réussite à tout point de vue, elle n'a jamais démérité, performante aussi bien pendant les longues traversées que dans les navigations à haut risque, capable de records de vitesse autant qu'extrêmement maniable…

Les petites Laura et Marion, elles, étaient surtout contentes d'être avec leurs parents toute la journée… et toute la nuit. Même si dans le futur elles semblent avoir oublié le voyage, je sais que, bien cachées au fond de leur cœur, des tas de couleurs et d'émotions feront à jamais briller leurs jolis yeux.

Quant à moi, je ne crois pas avoir fondamentalement changé ; j'ai embarqué sur la *Fleur* ma vie, mes particularités, mes qualités et mes défauts. On ne laisse rien derrière soi. J'ai reproduit dans la timonerie ma façon d'être à terre, comme nous tous. J'ai été parfaitement heureuse, ces derniers mois, sereine et inspirée. À présent, j'ai besoin de partager ces moments forts qui me reviennent en mémoire. Car déjà, notre voyage s'efface, s'altère comme un rêve s'effiloche, me file entre les doigts comme les longues brumes de l'Alaska.

Mais avant que la nostalgie s'installe, le rêve d'un prochain départ vient se lover dans mon cœur. Philou et moi échangeons un regard et, dans un sourire, nous évoquons notre futur périple : ce sera la Polynésie puis le pôle Sud, en famille toujours... Un voyage au contact des hommes cette fois, et non plus seulement à la découverte de la nature.

Dehors, la tempête fait rage, le vent souffle tellement que l'on a du mal à se déplacer dans les rues de Nome, la mer est blanche et déchaînée. Nous attendons une accalmie avant de poursuivre notre chemin et de boucler notre périple à Sand Point où nous laisserons notre bateau pour quelques mois. L'expédition touche à sa fin. Je profite de ces derniers jours car la véritable tempête, c'est à terre qu'elle nous attend. Nous avons perdu l'habitude du tumulte des grandes villes, et je crains de me laisser happer par ce tourbillon citadin, par le superflu, par les petits tracas qui n'en sont pas. Je veux garder la démarche chaloupée des gens de la mer, continuer d'entendre en moi ce vent qui souffle fort, et maintenir la tension de mon regard fixé sur l'horizon.

Je veux, surtout, ne jamais perdre cette disponibilité de tous les instants qui laisse la porte ouverte à l'aventure.

Remerciements

Merci à mon père, mon soutien, chaque jour.

Merci à *Fleury Michon* et à toute son équipe pour nous avoir soutenus dans cette aventure.

Merci à Brigitte Lannaud Levy d'avoir eu l'idée de ce livre et de m'avoir entourée de sa présence lumineuse et de sa bienveillance.

Merci à Pauline Guéna pour sa précieuse aide et sa sensibilité aiguë.

Merci à Philou et aux enfants de m'avoir laissé le temps d'écrire, tous les jours.

Cet ouvrage a été imprimé en France par

CPI
BUSSIÈRE

à Saint-Amand-Montrond (Cher)
pour le compte des Éditions Robert Laffont
en mars 2010

Composition Interligne

N° d'édition : 50356/01. – N° d'impression : 100661/4.
Dépôt légal : mars 2010.